KB059337

라이프 서핑

20·30 청춘을 위한 라이프 플랜 프로젝트

라이프 서핑

초판 1쇄 인쇄 _ 2019년 1월 5일
초판 1쇄 발행 _ 2019년 1월 15일

지은이 _ 장주영
펴낸곳 _ 바이북스
펴낸이 _ 윤옥초
책임 편집 _ 김태윤
책임 디자인 _ 이민영

ISBN _ 979-11-5877-075-4 03190

등록 _ 2005. 7. 12 | 제 313-2005-000148호

서울시 영등포구 선유로49길 23 아이에스비즈타워2차 1005호
편집 02)333-0812 | 마케팅 02)333-9918 | 팩스 02)333-9960
이메일 postmaster@bybooks.co.kr
홈페이지 www.bybooks.co.kr

20·30 청춘을 위한 라이프 플랜 프로젝트

라이프 서핑

장주영 지음

바이북스
ByBooks

감사의 글

책을 시작하며 나의 삶을 이끄시는 최고의 기획자이신 하나님께 가장 먼저 감사드린다. 하나님을 깊게 경험할 수 있도록 이끌어주신, 사랑하는 교회 변승우 목사님과 교회 안에서 사랑과 섬김을 가르쳐주신 형제, 자매들께도 감사를 전한다.

삶의 바다에서 살아가는 방법을 가르쳐 주시고 힘든 시간을 지지해 주신 강규형 대표님, 비즈니스에 대한 경험들을 알려주신 경진건 대표님, 30년을 변함없는 교육자로 살아가시며 가치 있는 대안교육으로 다음 세대를 준비하시는 원동연 박사님도 잊어선 안 될 고마운 분들이다.

끝으로 평생을 기도와 인내로 기다려 주신 부모님께 "감사합니다, 사랑합니다" 말하고 싶다.

추천사 1

새로운 시대를 맞이하는 사람들에게는, 새로운 삶의 패러다임을 필요로 한다. 그래서인지 요즈음 미래시대를 대비해서, 어떻게 살아가야 할 것인가를 다루는 책들이 많이 나온다. 그 책들의 저자 분들은, 인생의 많은 경험과 전문적인 지식을 바탕으로 우리에게 많은 유익을 주고 있다.

그런데 이런 책 중에, 좀 특이한 책을 추천하려고 한다. 우선 저자의 나이가 30대라는 것이다. 30대 청년이 미래를 살아갈 우리들에게, 무엇을 이야기 할 수 있고, 어떻게 하라고 하려는지 궁금했다. 그리고 이 책의 저자는, 지금 추천사를 쓰고 있는 본인이 교장으로 있었던 고등학교의 학생이었고, 그가 그 당시 학교에서 어려운 문제들을 가장 많이 가지고 있었던 학생 중에 한 사람이었기에, 그동안 그가 어떻게 살아 왔기에 이와 같은 책을 쓰게 되었고, 또 어떤 내용을 썼을까 너무 알고 싶었다.

책을 한 페이지 한 페이지 읽어가면서 미래의 희망을 보게 되었다. 우리가 아직 미숙하다고 생각한 젊은 청년들에게, 완숙하지는 않지만 진실하고 현실적인 삶의 길을 보았기 때문이다. 진리truth는 선언이 아니라, 현실에 대한 진실true to fact이기 때문에, 우리 청년들의 현실적 몸부림으로 표현되는 진실은 존중되어야 되고 더욱 승화되어야 한다.

나는 그간 교육의 현장에서 선생님의 가르침과 아울러, 학생들끼리의 상호 멘토링mentoring이 매우 큰 영향력이 있다는 것을 경험했다. 그래서 저자의 경험을 통해 얻게 된 귀한 통찰을 담은 본 책의 내용은, 젊은 청년들의 미래의 삶의 패러다임을 전환하는데 매우 유용한 역할을 할 것으로 기대되며, 연령에 상관없이 우리 모두에게 큰 도움을 줄 것이라 생각된다.

　이 시대의 모든 청년들을 격려하고, 그들과 함께 지혜를 나누기 위해 본 책의 첫 페이지를 기대를 갖고 열어보시기를 권한다.

원동연 KAIST 미래교육연구위원회 위원장 · 세인고 명예교장

처음 저자를 보았을 때 인상적이었다. 모임에서 사람들의 시선을 피해 아웃사이더처럼 조용히 다니고, 질문에는 늘 짧은 대답으로 자신을 드러내지 않았다. 많은 사람을 만나본 나의 느낌으로 세상의 어떠한 상처를 받았거나 혹은 '사회부적응자'일 거라는 느낌이 들었다.

그럼에도 매주 새벽 독서모임을 나와 성실하게 묵묵히 일을 도와주곤 하였다. 언젠가 함께 일하기 직전 프로젝트를 맡긴 적이 있었다. 그는 몇 일 밤을 꼬박 새워 멋진 결과물을 가져왔고 무한한 가능성의 빛이 보였다. 매주 만남을 가지며 교제를 나누었고 기다림 속에 2년 후 함께 일을 하게 되었다. 그런데 웬걸 툭하면 무단결근을 하였다. 산에 들어간다거나, 인도로 떠났다는 등…… 짐작은 했지만, 조직생활에 어려운 사람일 거라 생각하였다. 거미줄에 걸리지 않는 바람처럼.

오랜 시간 경영자 생활을 하며 원칙을 지치며 살아왔기에 이런 것들을 받아들이기 쉽지 않았다. 하지만 돌아온 탕자처럼 혀를 깨무는 심정으로 고민하며 받아들였다.

실패한 사람에게는 과거가 화려할수록 비참하고

성공한 사람에게는 과거가 비참할수록 빛이 난다고 했던가

이후 저자는 놀라우리만큼 폭풍성장을 하였다. 현재 연구소의 S급 인재이자 핵심리더로 성장하였다. 3P 자기경영연구소와 독서포럼 〈나비〉의 콘텐츠의 대부분이 그의 손을 거쳤다. 단지 정직하고 끝까지 해내는 근성이 있고 기획능력이 뛰어나 일만 잘한다고 하는 이야기가 아니다. 인격의 3요소인 지 · 정 · 의(지성 · 감정 · 의지)뿐 아니라 영적으로도 놀랍게 성장하고 성숙해졌음을 우리 모두가 알고 있다.

은銀 엉겅퀴

뒤로 물러서 있기
땅에 몸을 대고

남들에게 그림자
드리우지 않기

남들의 그림자 속에서
빛나기

_ 라이너 쿤체

저자는 위험하고 어두운 터널을 멋지게 통과하였다. 진흙 속의 보석처럼. 20·30 청년들에게 은엉겅퀴처럼 희망의 증거가 돼주어 참 고맙고 감사하다.

강규형 3P 자기경영연구소 대표 · (사)대한민국 독서만세 대표이사

얼마 전 점심 때 어느 회사의 50대 중반의 임원을 만났다.

대화를 하던 중 "미래의 꿈이 어떻게 되시나요?", "인생의 후반전 계획은 어떻게 계획하고 계신가요?"라는 질문을 하게 되었는데, 의외로 그 분이 당황해 하며 답변을 잘 못하시며, 이제부터 준비를 해야 할 것 같다고 말씀을 주셨다.

청년들 뿐 아니라 장년들도 공통적인 것은 '미래에 대한 계획이나 꿈이 없다는 점'이었다. 나는 개인적으로 나이에 관계없이 자기 인생 전체에 대한 꿈을 꾸고 계획을 가져야 한다고 믿는다.

자기 인생 전체를 꿈꾸며 계획하는 일은 그것의 실현 여부와 관계없이 의미 있는 일이다. 지금 잘 나가는 사람이 있다고 하더라도 미래에 잘 되리라는 보장은 없다. 오히려 지금 잘 못나가도 미래를 착실히 준비하는 사람이 미래에 잘 될 수 있는 가능성이 더 많을 것이다.

이렇게 자기 인생에서 꿈을 꾸며 바라볼 때 도움을 얻을 수 있는 소중한 책을 만날 수 있다.

저자의 청년 시절 어려운 과정을 지나며 인생에서 깨달은 것을 그리고 꿈을 꾸게 된 것을 서핑의 원리를 적용해서 4단계로 적용하는 것은 새로운 시도이기도 하다.

이 책이 미래를 꿈꾸고 준비하는 청년들과 장년들에게 구별 없이 도움이 될 것이라 생각하며 자신의 인생을 설계하는데 가이드가 될 것을 기대해 본다.

또한 저자가 책을 통해 자신의 삶을 나누는 이 발걸음에 더욱 더 성숙한 열매가 많이 열려서 많은 사람들에게 그 인생의 교훈과 지혜를 풍성히 나눌 수 있는 복된 인생이 되기를 소망해 본다.

경진건 블레싱컨설팅 대표, 《CEO 돌파마케팅》 저자

속도보다 방향을 찾는 청년들에게 권하고 싶습니다.

대학생들과 함께 필리핀 정글에 있는 하비루 애비Habiru Abbey을 찾아 그곳 아이들에게 태권도를 가르쳐 주고, 많은 봉사를 했습니다. 장주영 팀장은 비전캠프 준비도 철저히 하고, 모든 일을 솔선수범해주었습니다. 많은 제자들 가운데 저자는 빠른 성취를 이루고 가시적인 성과를 빨리 내는 이른바 치고 나가는 청년은 아니었지만, 한 걸음씩 자신이 좋아하고 잘 하는 일들을 꾸준히 자기만의 호흡으로 자신의 길을 걸어 나갔습니다. 이 책은 장주영 팀장과 같이 평범해 보이는 우리 청년들에게 새로운 희망과 방향성을 줄 것 같습니다. 빠른 성취에만 주목하고, 조급하게 앞만 보고 달리게 하는 지금시대의 독자들에게 스피드speed 보다 방향성direction이 중요하다는 자기계발의 제1계명을 어떻게 실천할 수 있는지를 저자의 삶의 경험과 라이프 서핑 매뉴얼을 통해 배울 수 있을 것입니다.

아무쪼록 이 책을 통해 많은 청년들이 자기만의 방향성을 잡고, 자기만의 파도 위에서 멋진 서핑을 할 수 있기를 기대합니다. 인생은 서핑을 할 때 더 멋지게 살 수 있기 때문입니다.

Life is better when you surf!

심정섭 더나음연구소 소장, 《대한민국 학군지도》, 《1% 유대인의 생각훈련》 저자 누구나 한번쯤은 길을 잃고, 또 누구나 한번쯤은 자신만의 길을 만든다.

_ 영화 <Wild> 중에서

　사회가 급격하게 변화한다. 최근 10년은 그전 50년에 비해 변화의 속도가 더 빨랐다. 이러한 상황 속에 눈부신 문화적 혜택을 누리는 사람도 있지만, 그와 반대로 예측할 수 없는 혼돈을 경험하는 사람도 있다. 그중 가장 큰 혼돈을 겪는 사람은 바로 청년이다.

　많은 대학생들과 취업 준비생들이 자신의 정체성에 혼돈을 느끼며 무엇을 해야 할지 모르고 삶의 바다에서 허우적거린다. 20년 동안의 성장 과정에서 받은 교육으로 사회 진출을 준비했지만, 사회와의 괴리가 생기는 현상을 피하지 못한다. 지역, 학벌, 능력에 상관없이 누구에게나 예외는 없다. 나 역시 마찬가지였다.

　20대와 30대는 꿈이 시작되는 구간인 동시에 꿈이 가장 많이 좌절되는 구간이다. 어쩌면 인생에서 가장 중요한 시기일지 모를 이 시기에 청년들은 취업, 사회 초년생으로서의 적응이라는 문제에 부딪친다. 이 충돌에 의해 많은 청년들이 큰 혼란을 겪는다.

　나는 여러 청년들과 이러한 문제에 관해 상담을 진행했다. 그 결과 다음과 같은 공통적인 고민들이 있음을 발견했다.

취업 준비생	사회 초년생
• 졸업 후 무엇을 해야 하지?	• 이곳이 내가 있어야 하는 곳인가?
• 나는 무엇을 잘하지?	• 비전이 있는가?
• 나는 언제 가슴이 뛰는가?	• 성장할 수 있는 곳인가?
• 꿈이 없어요!	• 왜 일해야 하는가?
• 준비는 하고 있는데 왜 잘 안 되는 걸까?	• 사람들과 관계가 힘들어.
	• 나 자신이 왜 이리 부족할까?
	• 나는 잘 살고 있는가?
	• 내가 정말로 하고 싶은 것은 무엇일까?

취업 준비생의 문제를 한마디로 요약하면, '자기 정체성의 부재'이다. 내가 누구인지, 무엇을 좋아하고 잘하는지, 강점은 무엇인지, 꿈과 비전은 있는지……. 이 질문들이 꼬리를 물다 보면 결국 정체성과 만나게 된다.

취업 문턱을 넘은 사회 초년생의 문제는 '장기적인 목표의 부재'이다. 누구나 사회생활의 첫걸음에서는 인간관계의 미숙, 업무 실수, 자신의 부족함 발견, 동기부여 상실, 바쁜 일상으로 인한 삶의 의미 상실 등의 문제에 봉착한다. 이어서 "왜 일해야 하는 것일까?" 하는 질문에 사로잡힌다.

취업 준비생이든 사회 초년생이든, 자신의 목적과 목표가 뚜렷한 사람은 문제를 뚫고 나아간다. 그렇지 못한 사람은 이 과정에서 시간을 낭비하는 경우가 많다. 구체적인 대책 없이 자신이 원하는 것을 찾으려고 온갖 시도를 하다 주저앉고 마는데, 참 안타까운 일이 아닐 수 없다.

지금은 100세 시대다. 100세 시대를 사는 청년들에게는 제2커리어에서 자신이 무엇을 하고 싶은지를 역산하여 목적과 목표를 설정하는 것이 유리하다. 나도 사회 초년기 방황을 하던 시기에 후반부 인생을 고민했다. 그 고민이 현재의 삶의 목적과 목표를 세우는 데 많은 도움을 주었고, 역경을 이겨낼 수 있는 힘도 주었다.

　이 책은 내가 청년들과 멘토링을 했던 경험에 뿌리를 두었다. 10년 넘게 기록한 일기를 소재로 삼았으며, 정체성을 발견해서 평생계획을 세울 수 있도록 구성했다. 책의 주제는 서핑으로 풀었다. 바다가 삶이라면, 서핑은 삶을 사는 태도다. 많은 청년들이 이 책을 '서핑'하며 시간 낭비 없이 자신의 정체성을 발견하기 바란다. 나아가 라이프 플랜을 통해 꿈을 이룰 수 있기를 기대한다.

라이프 서핑을 위해 서핑의 기본 개념인 '패들링/라인업/테이크업/라이딩'을 도입했다.

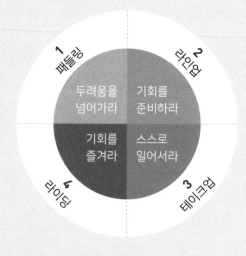

1. 패들링Padding – 서핑보드에 엎드려 파도를 뚫고 바다로 나아가는 기술이다. 파도를 타기 위해서는 깊은 바다로 나아가야 한다. 패들링은 바다라는 사회에서 역경을 이겨내는 방법을 알려준다.

2. 라인업Line up – 깊은 바다에 다다르면 파도를 기다리는 구간이 있다. 이곳을 라인업 지점이라고 한다. 서퍼들은 자신의 파도를 기다리며

수평선에서부터 다가오는 파도를 관찰한다. 라인업은 인생의 꿈에 대한 기회를 준비하는 방법을 알려준다.

3. 테이크업Take up – 파도가 자신에게 왔을 때 파도 위에 일어서는 순간이다. 찰나의 동작이 파도를 타느냐 못 타느냐를 결정한다. 테이크업은 자신에게 주어진 기회를 어떻게 잡을 수 있는가를 알려준다.

4. 라이딩Riding – 파도 위에서 파도의 결을 따라 타는 것이다. 라이딩은 자신의 강점을 가지고 어떻게 인생을 준비할 것인지 알려준다.

[부록]은 20·30 라이프서핑 프로젝트이다. 학교에서 혹은 단체에서 함께 진행하는 것이 가능하도록 구성했다. 라이프 플랜은 혼자보다는 여럿이 의미를 공유하며 만들어 나가는 것이 효과적이기 때문이다. 되도록 가까운 친구나 주변 사람들과 함께해 보길 바란다. 나는 라이프 플랜을 공유할 때 서로에게 동기부여를 받거나 서로의 꿈을 응원하고 존중하는 등의 긍정적 시너지가 일어나는 현상을 경험했다.

라이프 서핑 프로젝트

섹션	워크숍	목표
패들링 파도를 뚫고 나가는 기술	인생파도분석 강점 발견	자신의 과거를 정리하며 강점을 발견
라인업 파도를 기다리는 구간	꿈 리스트	자신이 좋아하는 것 발견
테이크업 파도를 잡고 일어서는 기술	비전 & 사명	인생의 가치 & 의미 발견
라이딩 파노를 타는 기술	평생계획	후반부 인생 설정 후 역산하여 계획수립

| 차례 |

PART 1
불확실한 바다 행복한 초대

PART 6
파도가 칠 때는 서핑을

불확실한 바다
행복한 초대

"장 팀장 어딨어?"

"……."

"아직 회사 안 왔어? 누구 연락해 봐."

"연락이 안 됩니다."

"어디 간 거야? 또 인도 갔나? 누구 아는 사람 없어?"

동료들이 장주영 팀장의 행방을 찾아 여기저기 수소문한다. 해외로 뜬 건지, 자주 가던 태백의 기도원에 간 건지. 절간에 틀어박힌 건 아닌지……. 어디로 갔는지는 물론 살아 있는지도 알 수 없다.

처음 있는 일이 아니었다. 장 팀장은 종종 이런 일을 벌였다. 홀쩍 잠수를 탔다가 3일 만, 혹은 일주일 만에 돌아오곤 했다. 괘씸죄로 처벌받기에 충분한 행동이지만, 마음 정리가 되면 돌아온다는 것을 알기에 회사는 조용히 넘어가 주었다.

그 시간 나, 장주영 팀장은 끝없는 바다를 시간가는 줄 모르고 바라보고 있었다. 오직 성공하겠다는 다짐으로 쉬지 않고 달렸지만 번번이 실력적으로, 체력적으로 또 정신적으로 바닥을 드러냈던 나. 그런 내 자신이 미워질 때가 있었다. 그때마다 바다로 도망치곤 했다. 좌절한 내가 의지할 곳은 어린 시절부터 함께한 바다뿐이었다.

1
확실한 길과
불확실한 길 사이에서

바다에서 얻은 것

바다를 처음 본 때는 유치원에 들어가기 전이었다. 대전 산동네에 살다 아버지의 일로 인해 부산 끝 다대포라는 어촌마을에 자리를 잡았다. 나는 인생에서 처음으로 마주한 바다 앞에서 그만 말문이 막혔다. 눈 속에 담겨지지 않는 웅장한 바다를 그저 바라기만 했다. 바다는 장엄하고 신비로운 자연이었다.

다대포는 부산의 다른 해수욕장들과 달리 많이 알려지지 않았기에 주변이 깨끗했다. 때 묻지 않은 시골 소년처럼 순박했다. 썰물 때면 어른들은 갯벌에서 조개를 캐고, 아이들은 구멍 속으로 도망가는 게를 잡겠다며 뛰어놀았다. 해질녘엔 하늘과 바다와 갯벌이 붉은빛으로 물들었다. 모든 이들의 발걸음을 붙잡을 경이로운 순간이었다.

넓은 백사장 남단 서쪽에는 몰운대가 있다. 몰운대 반대쪽은 반짝이는 자갈밭이 깔린 투명한 바다였는데, 이곳은 우리의 보물섬이었다 초등시절 학교를 마치면 친구들과 어울려 몰운대 구석구석을 보물 탐험대처럼 돌아다녔다. 물속에 들어가면 세상의 소음은 사라지고 고요한 세상이 펼쳐진다. 물고기들이 멋모르고 다가오기도 하는데, 손가락으로 톡 건드리면 날 살려라 도망가는 모습이 무척 우습다.

그렇지만 바다가 즐거움만 준 것은 아니있다. 이둠 속 파도와 밤사냥에 나선 박쥐는 공포를 심어주기도 했다. 해파리 떼가 온몸을 만신창이로 만든 적도 있었다. 한번은 발이 닿지 않는 곳까지 떠내려가서 물속으로 빨려들어가기도 했다. 죽음의 구덩이로 빠질 뻔한 그 순간 다행히 아버지 손에 의해 건져졌다. 어른이 된 뒤에도 그때 바다에서 겪은 죽음의 공포는 쉽게 지워지지 않았다.

바다는 언제나 새로운 모습으로 나의 호기심을 자극했으며, 그 웅장함과 아름다움으로 공포를 물리칠 수 있는 힘을 준 덕분이다. 어린 나는 바다에 호되게 당한 뒤에도 바다를 포기하지 않았다. 깊은 바다로 들어가 친구들과 신나게 놀았다. 바다와 슬픔을 나누고 성장통을 나누었다. 바다는 누구도 이해 못하는 나를 이해해 주는 친구가 되어 주었다.

물론 죽음의 공포를 이기는 게 쉽지는 않았다. 웃으며 헤엄치다가도 문득 두려움이 떠오르면 내 몸은 뻣뻣이 굳어 물속으로 빨려들어갔다. 이 일을 몇 번이나 되풀이했는지 모른다. 우리 삶도 마찬가지다. 인생을 즐기는 가운데 예고 없이 찾아오는 두려움은 그 순간을 불행하게 만든다. 당연히 그 불행에 무릎 꿇어서는 안 된다.

바다, 끝없는 도전의 장

바다에 몸을 담근 사람들 대부분은 발이 닿는 곳, 자신이 감당할 수 있는 곳만큼 나아간다. 두려움을 제어할 수 있을 만큼의 도전만 한다는 뜻이다. 그런데 바다는 멀리 나아갈수록 새로운 경험을 선사한다. 바다를 즐기는 사람들은 이런 매력에 빠져 산다.

물에 빠져 허우적댄 경험이 있는 사람은 그 지점을 넘어서기 힘들다. 과거의 쓴 경험이 미래로 가는 발목을 잡는 것이다. 삶의 바다에서도 마찬가지이다. 불확실함 혹은 아픈 과거로 인해 더 나아가지 못한다. 나에게도 미래에 대한 두려움으로 한 발짝도 나아가지 못하던 시기가 있었다. 그야말로 검은 바다에 끌려 내려간 듯한 시간이었다. 중요한 것은 이러한 아픔과 두려움을 어떤 이는 무거운 짐으로 여기고, 어떤 이는 기회로 여긴다는 것이다. 걸림돌을 디딤돌 삼아 살아가는 이들이 우리 곁엔 분명 있다.

지난날의 실패, 그로 인해 험난했던 삶은 사람을 성숙하게 만든다. 앞으로 다가올 미래의 역경을 이겨낼 수 있는 힘을 준다. 단, 삶을 받아들이는 태도에 따라 결과는 달라진다. 어떻게 취하는가에 따라 삶은 기회의 시간이 되기도 하고, 힘겨운 시간이 되기도 한다. 바다에 빠졌을 때 반드시 죽는 것은 아니다. 물속에서 가만히 있는다면 그때 가라앉는다. 우리의 삶 속에서 위기에 빠졌을 때 벗어나기 위해 발버둥치면 헤어나올 수 있다.

바다는 바라보는 사람의 시각에 따라 아름답기도, 지루하기도, 두렵기도 하다. 삶도 마찬가지이다. 바라보는 태도에 따라 미래가 달라진다. 두려움으로 인생에 대한 도전들을 멈추어버린다면 기회도 놓쳐버리고 만다. 불확실한 미래가 두려움만 안고 있는 것은 아니다. 두려움은 이면에 설렘도 품고 있다. 그 설렘은 내면의 소리다. 그 소리를 따라가면 행복을 찾을 수 있을 것이다.

청춘이란 시기에 도전하자. 인생이 우리에게 던지는 시험을 진지하게 받아들이지. 실패와 성공에 상관없이 젊음은 도전하는 것만으로도 아름답고 멋지다. 도전은 자신의 정체성을 형성하는 데 도움을 준다. 그리고 미래의 열쇠를 쥐어준다. 과거의 도전들은 나의 현재이고, 현재의 도전들은 나의 미래이다.

누구나 미래를 선택할 때 통제할 수 있는 위험 밖으로 나가지 않으려 한다. 그러한 조심성으로 무장한 채 무의식적인 근성으로 남들을 따라가기도 한다. 물론 각종 자격증 취득, 높은 외국어 점수, 대기업 취업과 고액 연봉 등은 삶의 안정성을 높여 주는 측면이 있다. 때문에 꿈보다 우선시되기도 한다. 그런데 불확실한 무언가에 가슴 뛰어본 적이 없는가? 가수 오디션에 몇 번 떨어졌다고 '불확실한' 꿈을 포기하고 '확실한' 공무원 시험에만 매달릴 것인가?

과거의 두려움이 꿈과 미래로 나아가지 못하게 막을 수도 있다. 그때는 과거의 자신도, 현재의 자신도 보지 말고 단지 미래의 자신만 바라보자. 미래의 자신을 향해 한 걸음씩 걸어가면 어느새 설렘으로 차오르게 될 것이다.

바다는 꿈을 위해 살아갈 준비가 되었는지 우리에게 질문하고 있다. 당신이 내딛은 땅의 끝은 끝없는 바다의 시작이다.

Life Surfing

• 확실한 것보다 불확실한 것이 더 매력적일 수 있다.
• 과거의 도전들은 우리의 현재이고, 우리의 미래는 지금의 도전으로 이뤄진다.
• 나를 성숙하게 만드는 것은 과거의 실패와 역경의 경험이다.

2
내가 원하는 길이
실패의 길은 아닐까?

걱정보다는 몰입

필자가 많은 청년들과 대화를 하면서 느낀 점이 있다. 그들은 자신이 원하는 것을 하다 잘못될지도 모른다는 걱정을 한다는 것이다. 성공에 대한 불확실, 실패에 대한 두려움이 원하는 바를 하기를 주저하게 만든다.

지금 비슷한 걱정에 빠져 있다면, 이 점을 생각해 보기 바란다. 과거 어느 시점에 무언가를 했을 때 혹은 안 했을 때 어떤 선택이 더 후회되었는지. 청년은 원하는 것에 마음껏 도전할 수 있어야 한다. 어떤 분야이든지 탁월한 사람들에게는 어린 시절 자신이 원하는 바에 미쳐 몰입했던 경험들이 있다. 몰입은 집중력과도 연결되어 자기 성취에 큰 영향을 미친다. 불확실하더라도, 원하는 바에 정신없이 몰입해보자.

방황 속에서 찾는 꿈

알프스에서 길을 잃은 사람이 13일 동안 방황하다 구출되었다. 그는 매일 12시간씩 걸었다고 했다. 그런데 훗날 길을 잃은 장소로부터 반경 6Km

이내에서만 왔다갔다한 것으로 밝혀졌다. 누구나 눈을 가리고 20m 정도를 걸으면 4m 정도의 간격이 생기고, 100m 정도를 가면 큰 원을 그리게 된다고 한다.

삶에서도 우리는 뚜렷한 목적이 없을 때 같은 자리를 돌며 방황하곤 한다. 하지만 방황은 자신의 정체성을 알려주는 신호탄이기도 하다. 자신, 그리고 세상에 대해 생각할 수 있는 시간을 주기 때문이다.

나는 어려서부터 장난이 심하고, 모험하기를 좋아했다. 하지만 목회자였던 아버지의 엄격함에 억눌린 채 자라야 했다. 그러다가 중등시절 길거리에서 처음 춤을 경험했고, 순식간에 푹 빠져 버렸다. 춤을 출 때면 해방감과 자유로움이 찾아왔다. 춤꾼 친구들은 나와 다른 분위기에서 성장한 아이들로 자유롭고 또 반항적이었다. 이들과 어울리며 나도 자유와 반항에 자연스럽게 물들어갔다. 성적은 떨어졌고, 어느 순간부터 문제아라 불리기 시작했다. 집에서도 말 안 듣는 아들이 되어 갔다.

중학교 졸업을 앞두고 고등학교를 선택하던 시기. 나는 댄스동아리로 이름이 알려진 학교에 가고 싶었다. 그러나 아버지는 집에서 멀리 떨어진 전북 완주군의 대안학교를 제안했다. 어떤 학교인지 전혀 몰랐지만 단지 집에서 벗어날 수 있다는 생각에 마지못해 아버지의 뜻을 따랐다.

그 학교는 5차원 전면교육으로 유명한 원동연 박사가 설립한 학교였다. 5차원 전면교육이란 지식으로만이 아니라, 지력, 심력, 체력, 자기관리, 인간관계 등 5개 영역으로 접근하는 교육 방식이다. 내가 학교에 처음 들어섰을 때 운동장은 잡초들이 가슴 높이만큼 자라 뱀이라도 튀어나올 분위기였다. 교사校舍는 누렇게 바랜 1층 건물로, 앙코르와트의 숨겨진 성 같았다. 폐교된 학교를 인가받아 기적적으로 모인 후원금으로 부분 리모델링해서 만든 학교였으니, 번듯함과는 거리가 한참 멀었다.

학교의 입학조건은 특이했다. '성적이 중하위권으로 학교 부적응 경험이 있지만 꿈이 있는 학생'이었다. 입학 면접을 준비하면서 꿈이 무엇일까 처음 진지하게 고민한 것 같다. 댄스를 좋아했지만 직업으로 삼고 싶을 만큼은 아니었다. 나는 면접장에서는 체육선생이 되고 싶다고 말했다. 당시 체육선생은 공부를 안 하고 운동만 잘하면 되는 줄 알았다. 나중에 면접관이었던 선생님에게 나를 뽑은 이유를 듣게 되었다. 반항적이긴 해도 솔직한 태도가 마음에 들었다나.

합격의 기쁨도 잠시, 사방이 산으로 둘러싸인 기숙사 생활은 감옥 같았다. 초기엔 이곳 생활에 적응하지 못해 가출을 많이 했다. 부산까지 달아나서 친구들과 보내다 돈이 떨어져 돌아오거나, 동네에서 싸움질하다 경찰서에 잡혀 학교로 보내지곤 했다. 수업을 제치고 산이나 들로 훌쩍 사라져 저녁 늦게 들어온 적도 많았다. 술도 마셨다. 어른이 되어야만 공허함과 허탈함과 지루함에서 벗어날 수 있을 것 같았다. 나는 징계를 받거나 특별반에서 관리를 받는 문제아로 지냈다. 한번은 정신 차리라며 머리를 툭 친 교감선생님에게 의자를 집어던진 적도 있다. 퇴학을 당할 뻔했지만 많은 선생님들의 반대로 퇴학은 면했다.

이 외에도 많은 사고를 쳤지만, 선생님들은 참아 주고 기다려 주셨다. 5차원 전면교육으로 사람을 변화 시키겠다는 사명감을 가진 분들이 많아서 그랬을 것이다. 열악한 환경, 적은 월급에도 불구하고 이 학교를 선택한 선생님들은 대부분 너무나도 사랑이 많으셨다. 그중에서도 나의 반항을 특별하게 지켜봐준 선생님이 있었다. 그분은 나의 장점만 칭찬해 주셨고, 나를 다르게 보았다.

"주영아, 네가 왜 문제라고 불리는 줄 아니? 사람들이 너의 문제를 풀어줄 수 없어서 문제라고 하는 거야!"

그 말씀에 나는 아무 말 못하고 서 있기만 했다. 그리고 그 말씀에 닫혀 있던 마음이 조금씩 열렸다. 학교에 적응하기 시작한 것이다.

무엇보다 나의 방황을 마치게 해준 것은 겨울방학이 되기 전 진행했던 영화 캠프였다. 서울의 어느 인디 영화사 사람들과 영상 공부를 하고 실제로 영화도 찍는 캠프였다. 그 첫 시간은 시나리오 만들기 워크숍이었다. 나는 반항적으로 뒷자리에 앉아 시큰둥하게 강의를 들었는데, 영화쟁이들 눈엔 그런 존재가 끌렸는지 강사는 내게 많은 질문을 퍼부었다. 나는 장난처럼 답변들을 내뱉었고, 친구들은 깔깔대며 웃어댔다. 그런데 강사는 두 눈을 동그랗게 뜨며 굉장히 신선하다는 칭찬을 해주었다. 그 칭찬이 영화쟁이들과, 영화와 친해지는 계기가 되었다.

나는 태도를 바꿔 영화에 덤벼들었다. 시나리오부터 시작해서 콘티를 제작하고, "레디~고~" 하며 진짜 영화를 찍었다. 그리고 그 영화를 상영했다. 내 손으로 고생하며 만든 영화를 보니 가슴 뭉클했다. 진한 성취감이 느껴졌다. 나는 그 영화를 국내 단편영화제들에 출품까지 했다. 3곳에 출품했는데 모두 상을 받았다. 이후로 나를 보는 시선이 달라졌다. 학교에서는 정규 수업 시간 외에는 영화에 집중할 수 있게 배려해 주었다.

꿈은 강한 몰입력을 갖는다. 이때 주위 환경이 무척 중요하다. 긍정적 지지와 꿈을 가꾸어 나갈 수 있게 여건을 조성해준다면, 몰입력이 유지되어 결실이 나타난다. 나의 경우 대안학교 선생님들의 사랑과 배려가 없었다면 영화는 꿈도 꾸지 못했을 것이다. 방황하던 시기 나의 작은 꿈을 지지해준 많은 선생님들에게 감사한다. 선생님들은 변화된 나를 기적으로 보았지만,

라이프 서핑

그 선생님들이 내게 있어준 것이 기적이었다. 그 시절 영화에 몰입했던 경험은 여전히 내게 많은 영향을 미친다.

내면의 울림에 행동으로 반응하라

청춘에게 방황은 혼란 속에서 자아를 찾아가는 시간이다. 어떠한 시작의 초대이다. 그러므로 청춘에게 방황은 아름다울 수 있다. 폭풍우가 지난 뒤 잔잔해진 바다가 투명하게 비치듯이 방황을 겪은 인생은 보다 선명해진다.

방황 속에서 자신에게 끌리는 것이 무엇인지를 찾아보기 바란다. 사람이든 장소든 어떠한 일이든 설렘을 일으키는 것들이 있다. 스스로에게 물어보며 찾아나가다 보면 어느 순간 환하게 보일 것이다. 그것을 추구하는 '나'도 누구인지를 발견하게 될 것이다.

오래전에 본 영화 〈콘티키〉가 기억난다. 주인공 토르는 탐험가다. 그는 남미와 폴리네시아 섬 사이에 유사점이 있다는 것에 호기심을 품고 연구를 시작해서 "옛날 남아메리카 원주민들이 뗏목을 타고 남태평양에 내려왔다"는 연구결과를 발표했다. 하지만 변변한 학위조차 없는 토르의 말에 아무도 귀 기울이지 않았다. 결국 토르는 자신의 주장을 증명하기 위해 옛날 방식의 뗏목을 만들어 태평양으로 나갔다. 미친 사람 혹은 이상주의자로 취급하는 사람들의 차가운 시선을 받으며.

토르와 젊은 선원 5명을 태운 뗏목은 오직 해류와 바람만으로 항해했다. 때문에 엉뚱한 방향으로 나가기도 했고, 해류나 바람이 없는 날이면 그대로 멈춰 있기도 했다. 토르 일행은 나무가 물에 젖어 가라앉아 상어밥이 되지는 않을까 불안해 잠도 제대로 잘 수 없었다. 하지만 시간이 지나면서 문에 불어난 나무와 밧줄은 오히려 이음이 더 견고해졌다. 상어 떼와 폭풍우를 수차례 겪었지만 콘티키 호 탐험대는 모두 이겨내고 육지에 다다랐다. 결국 새로운 이론에 대해 몸으로 증명해 보인 것이다.

젊은 시절, 원하는 것을, 가슴 설레게 만드는 무언가를 외면하지 말자. 외면할수록 도전의 기회는 점점 줄어든다. 나를 믿어야 한다. 그 믿음으로 마음속 울림을 정직하게 대면하며, 꿈에 대한 여정을 준비해야 한다. 나만의 콘티키 호를 띄워야 한다.

Life Surfing

- 꿈은 강한 몰입력을 갖는다. 자신이 몰입하게 만드는 것은 무엇인지 관찰해 보라.
- 방황은 내면의 울림 속에서 자신을 발견할 수 있는 기회이다.
- 젊은 시절 나를 설레게 만든 것은 무엇인가?

3
삶을 인도해주는
소중한 사람

사람, 가장 큰 영향을 미치다

바다 같은 사람이 되고 싶다는 생각을 종종 한다. 바다는 항상 그 자리에서 위로가 되고, 말없이 이야기를 들어 주고, 시간이 지나도 변하지 않는다. 모든 흐르는 물들을 가장 낮은 곳에서 품는 겸손함도 갖추고 있다. 진지할 땐 진지하게, 즐거울 땐 즐겁게, 바다는 우리의 감정에 따라 반응한다. 바다는 참 좋은 사람이다.

삶에서 우리에게 가장 큰 영향을 미치는 것은 사람이다. 무엇인가 도전하려 할 때 희망의 등불이 되어주는 사람을 만나는 것은 매우 중요하다. 모두가 외면하고 받아주지 않을 때 붙들 수 있는 한 사람은 인생을 딛고 일어설 힘을 준다. 더불어 세상이 아무리 힘들어도 자신을 이해해주고 반응해주는 사람의 존재는 험난한 삶을 버텨내야 할 이유가 된다.

따뜻한 친절과 진심이 주는 치유

지난날을 돌아보면, 힘들고 지칠 때마다 바다를 찾았듯이 삶에서 누군가 의지할 사람을 찾았었다. 중요한 결정의 순간이나 방황의 순간에 항상 누군가의 도움이 있었다. 그는 지혜로운 조언으로, 역경을 이겨낼 수 있는 격려로 등대처럼 서서 방향을 알려 주었다. 나침반의 바늘 끝처럼 불안하게 떨릴 때 길잡이가 되어 주었다.

그 길잡이 가운데 한 명은 3P 자기경영연구소의 강규형 대표님이다. 대표님과의 인연은 사회 초년생 시절 독서포럼 〈나비〉를 통해 시작되었다. 서울 양재동에서 매주 토요일 6시 45분마다 독서모임이 열렸다. 그곳에서 다양한 색깔을 가진 사람들이 모여 책을 읽고 토론을 했다. 나는 지인의 소개로 그 모임에 발을 들여놓았다. 그랬다가 분위기와 문화가 정말 좋아 푹 빠지게 되었다. 막 서울에서 객지 생활을 시작했던 터라 친구도 없었고, 독서모임이 적잖은 활력소가 되었다.

독서포럼 〈나비〉의 단무지 독서MT를 통해 처음으로 강 대표님과 이야기를 하게 되었다. 모임에서 조용히 지내며 존재를 드러내지 않던 나를 대표님은 모르고 있었다. 사실상 첫 만남인데도 대표님은 나의 비전에 대해 진지하게 들어 주고 응원의 말씀도 해주셨다. 이후 대표님의 회사에 잠시 들를 때면 방으로 초대해서 좋은 책을 추천하시는 등 따뜻하게 맞이해주셨다. 그 순수함과 진심이 지쳐서 녹초가 된 내게 희망을 심어주었다.

사회 초년기 직장생활은 열정만으로 버티기 힘들었다. 사람들이 주는 상처, 수시로 찾아오는 좌절과 한계. 꿈꾸는 것마다 구멍 난 공처럼 찌그러지는 느낌이었다. 이런 상황이 몇 년째 반복되자 뜨거운 열정 대신 차가운 어둠이 가득 찼다. 타인은 물론 나조차도 믿을 수 없었다. 깊은 상자 속에 갇힌 기분이었지만 혼자 힘으로는 도저히 나올 수가 없었다. 몇 달간 책을 싸들고 산속에 처박혀도, 몇 달간 나 홀로 인도 여행을 다녀와도 상황은 변함

없었다. 이 시기에 손 내밀어 준 사람이 바로 강규형 대표님이다. 대표님은 언제나 나를 다독이고 조건 없이 베풀어 주셨다. 그 따스함이 어둠에서 헤어나올 수 있게 빛을 밝혀주었다.

2012년의 저물녘, 아직 어둠에 갇혀 있을 무렵. 나는 직업도, 머물 곳도, 아무 계획도 없는 상태였다. 삶이 두려워 떨고 있는 처지였다. 그때 대표님은 3P 자기경영연구소에 즉석으로 일자리를 만들어주셨다. 이력서도 받지 않았으니, 사실상 특혜를 준 것이다. 사모님인 류경희 이사님까지 나서 지낼 곳을 알아봐주시고, 생활에 필요한 것들도 구해주셨다. 나는 대표님의 근처에 터를 잡았다. 그리고 대표님과 함께하며 일과 삶에 적응해 나가기 시작했다.

나에게 기대를 품는 사람이 있을 때

3P 자기경영연구소에 몸담은 초기, 정말 일이 많았다. 개인 생활은 거의 없이 살았다. 야근을 밥 먹듯이 하고, 어쩌다 야근이 없을 때면 동네 단골 카페에서 강 대표님과 책을 읽었다. 떨어져 앉아 각자의 독서를 하기에 서로 대화는 없었지만 함께 있는 것만으로도 편안했다.

강 대표님과는 회사의 비전이나 새로운 사업거리를 공유하기도 했다. 대표님이 꿈꾸는 것들은 항상 크고 담대했다. 사모님인 이사님이 "제발 거기까지만 합시다" 하고 말릴 정도였다. 일요일엔 대표님 가족과 교회에 동행하고, 함께 중고 서점에서 책을 사거나 저녁을 먹었다. 대표님이 새 집으로 이사를 가기 전까지 1년을 그렇게 살았다. 대표님이 주변 사람들에게 "주영이는 '인재경영'이 아니라 '인질경영'을 하고 있어" 하고 농담을 건넬 정도였으니. 나는 인질로서 대표님에게 깊은 감사를 지니고 있다.

그럼에도 나는 업무에 힘들어할 때가 많았다. 하지만 대표님은 지적하기보다는 참고 기다려 주었다. 나의 강점을 독려하면서, 내가 강점을 발휘할 수 있는 일이면 어김없이 참여시켰다. 그 기대를 저버리지 않기 위해 나는 독하게 일했다. 그 독함이 회사에 득이 되는 결과로 나타났다. 하지만 결국은 내 자신에게 가장 많은 득이 되었다. 새로운 것에 도전할 수 있는 용기를 불어넣어주었기 때문이다.

어떤 이는 그 시절 '인질'처럼 사는 내게 안쓰러운 시선을 보내기도 했다. 그래도 나는 그때의 삶이 그립고, 감사하고, 자랑스럽다. 희망으로 방향키를 돌린 삶이기 때문이다.

좋은 멘토는 좋은 멘티가 만든다.

좋은 멘토를 만나는 것도 중요하지만 자신이 먼저 좋은 멘티가 되어야 한다. 좋은 멘티란 정직하게 자신을 드러내고, 자신을 비운 채 상대의 말과 도움을 겸손하게 받아들이는 사람이다. 이 자격은 상대를 좋은 멘토로 만드는 효과가 있다. 정직하고 겸손한 사람은 진심으로 도움을 주는 사람을 만날 확률이 높다. 사람들은 조언을 구할 때 자신을 합리화하며 은근히 자신을 낮추지 않는 경향이 있다. 이런 사람들은 이미 스스로 답을 가지고 있어 조언보다는 자신의 답에 대한 확신을 듣고 싶어 한다. 멘토를 난감하게 만드는 경우다.

청년들은 멘토를 찾을 때 유명인을 의식하는 경향이 짙다. 유명인을 통해 분명 동기부여를 받을 수 있겠지만, 유명인일수록 시간 여유가 없는 탓에 지속적으로 만나기 어려운 경우가 많다. 만남이 부족하면 아무래도 유익한 관계가 형성되기 어렵다. 정말 좋은 멘토는 주변에 있을 가능성이 높다. 누구든지 배울 점이 있다면 뜻 깊은 관계를 가지며 오랜 시간 가르침을 받는 것이 좋다.

〈밀리언 달러 베이비〉라는 영화에 한 권투 코치가 나온다. 그는 탁월한 실력자이지만 과거 자신의 실수로 선수를 잃은 아픔을 겪은 뒤로 더는 선수를 키우지 않고 있었다. 어느 날 한 가난한 여자 권투 선수가 찾아온다. 그녀는 가르침을 요청하지만 거절당한다. 그러나 끊임없이 노력하는 모습과 간절함을 보여주자 코치는 그녀를 제자로 받아들인다. 훈련 과정은 단순했다. 걷는 법, 신발끈 묶기 그리고 스텝 밟기. 그런데 이 사소한 요소들이 성공의 열쇠였다. 기초를 단단히 세우지 않으면 나중엔 교정이 힘들고, 그래서 대성할 수 없다는 것이 코치의 믿음이었다. 여자 권투 선수는 코치의 믿음을 믿고 따랐다. 그 결과 챔피언으로 우뚝 서게 되었다.

이 권투 코치는 탁월한 멘토이다. 상대의 장점을 찾아내는 눈썰미도 갖추고 있고, 기초부터 잡아나가는 것이 완성의 지름길이라는 것을 알고 있기 때문이다. 그런데 여자 권투 선수가 좋은 멘티의 역할을 하지 않았다면? 즉 코치를 불신한 채 그의 지도를 따르지 않았거나 거부하고 돌아섰다면? 제자 없는 코치가 훌륭한 코치로 자리매김할 수 없듯이 멘티 없는 멘토가 좋은 멘토로 남을 수 없다. 멘토에게 만족스러운 멘토링을 받고 싶다면 겸손하게 하나하나 받아들이자. 최선을 다해 배우고, 자신의 방식으로 소화해 내면 된다.

완벽한 사람이 없듯이 완벽한 멘토도 없다. 멘티라면 멘토의 장점에 집중하는 것이 좋다. 물론 멘토도 마찬가지다. 양쪽이 서로의 장점에 집중한다면 편안하고 긍정적인 관계가 유지될 것이다. 둘의 삶은 나란히 발전할 것이다.

누군가에게 뭔가를 배우고자 할 때 미리 선을 긋는 경우가 있다. "주말엔 시간 안 돼요.", "속성으로 배우면 좋겠어요." 물론 나름의 사정은 다 있을 것이다. 하지만 이런 대답이 잦아질수록 멘토와의 관계는 멀어질 가능성이 높다. 자신의 시간을 투자해야 한다. 멘토와 함께하며 멘토의 삶을 배우겠다는 자세가 필요하다. 그러한 자세는 멘토의 열정을 일깨운다. 멘티가 적극적으로 다가가면, 멘토는 적극적으로 다가온다.

Life Surfing

- 인생에서는 방향을 알려주는 안내자가 있다. 주의 깊게 안내자를 찾아라.
- 좋은 멘티는 좋은 멘토를 만든다. 좋은 멘토를 만나기 전에 좋은 멘티가 되자.

4
삶이 파도처럼
다가올 때

취업의 순간 나를 모른다면

커리어의 대가이자 《파라슈트》의 저자 리처드 볼스는 취업의 순간은 신이 주신 기회의 시간이라고 했다. 취업을 앞둔 순간, 이때는 누구나 자기 자신을 알아야만 하는 상황에 놓인다. 자신을 올바로 알지 못한 채 덥석 취업의 끈만 붙잡으면, 인생이 원점으로 돌아올 수도 있다.

커리어넷이란 취업 전문회사에서 취업자들을 조사한 결과 취업 후 10명 중 7명은 이직을 고민한다고 했다. 취업이 얼마나 어려운데, 보통 2~3년 고시생처럼 구슬땀 흘리다 직업을 갖는데 왜 이직을 고민하는 것일까? 바로 자신에 대해 모르는 상태에서 단지 취업의 문턱만 넘었기 때문이다. 어떤 일이든 자신의 비전과 재능에 맞지 않으면 지루한 노동에 불과하다. 돈잘 버는 대기업에 들어갔다 해도 마찬가지다. 지루한 노동이 지속되는 삶에서 성장을 기대하기는 어렵다. 동기부여도 물론 되지 않는다.

취업을 준비하며 자신을 기록하고 점검하라

취업을 하기 전에 자신을 분명히 아는 일은 사실 어렵다. 그럼에도 취업의 시간에 자신을 발견해야 하는 이유는 앞으로의 삶의 방향을 설정할 수 있기 때문이다. 자신을 찾으려는 시도는 늦어도 대학시절부터는 반드시 시작해야 한다. 20대에 세운 꿈들은 뜬구름 같고, '할 수 있을까?' 하는 의문들로 가득하다. 그래도 포기하지 말고 계속 구체화하며 꿈을 키워나가는 게 좋다.

자신에 대해 알아가며 미래를 준비하는 과정에서 중요한 것 한 가지는 기록이다. 나는 대학시절부터 비전과 미션과 일기를 바인더에 적어 두었다. 그 작업을 통해 나 자신과 내가 원하는 것을 서서히 알아낼 수 있었다. 인생은 몰랐던 자신을 알아가는 과정이다. 물론 자신을 어느 순간 한꺼번에 발견하기는 어렵다. 노력하는 만큼 발견할 수 있다. 또한 자신을 발견해 나가는 과정에서 삶에 의미와 즐거움도 느낄 수 있다. 처음에 불확실하던 모습들이 점차 더 구체적으로 그려지는 놀라운 경험을 할 수 있다.

나는 서른 초반까지 현재의 나의 모습과 나의 비전들에 대해 불안해하며 힘들어했다. 열심히 살고 있는데 미래에 대한 확신이 서지 않았다. 혹시 잘못 살고 있는 것은 아닌가 하는 두려움에도 휩싸였다. 그러한 과정에서도 매년 바인더에 비전과 미션과 방향들을 기록하며, 검토했고, 다듬었다. 그러다 서른다섯이 되니 뭔가 방향이 선명해지며 확신이 들기 시작했다. 꾸준히 책을 보며 공부했던 것도 현실에서 귀한 재산으로 쓰였다. 젊었을 때 공부한 것이 돈이 된다는 말이 구체적으로 내 삶에 적용된 것이다.

젊은 시절은 미래를 준비하는 과정이다. 이때에 기본적으로 독서법과 학습법을 습관으로 갖추어 삶에 자연스럽게 적용하는 것이 중요하다. 3P 자기경영연구소에서는 직원들에게 독서를 권장한다. 직원들은 끊임없이 책을 보고, 바인더에 기록한 뒤 다시 그 기록을 살펴본다. 이런 훈련을 통해 얻은 습관은 성과를 내는 데 매우 중요하게 작용한다.

취업이란 삶과 나의 의미를 찾는 것

취업 전선에 서는 게 두려워 대학교에 오래 머무는 청년들, 기업에서 자신을 불러주기만을 기다리는 청년들, 잇따른 취업 실패로 주저앉은 청년들, 취업을 해서 월급에 만족하며 평범하게 살아가는 청년들, 돈에 따라 자신의 커리어와 상관없이 이직만 하는 청년들. 이들은 50세 이후 삶의 절벽과 마주할 가능성이 높다. 보통 취업을 준비하고 또 시작하는 연령대인 20대 중반과 30대 초반은 자신의 방향을 정하고, 일에 대한 자신의 스타일과 전문성을 키우는 시기이다. 그리고 35세 이후엔 제2커리어를 위한 전문성의 확장기로 들어가야 하는 것이다. 그런데 자신의 방향도 정하지 못하는, 또는 정하지 않는 청년들이 안타까울 정도로 많다.

긍정심리학의 기초가 된, 빅터플랭크의 《죽음의 수용소에서》라는 책이 있다. 유태인 수용소의 실상을 증명해주는 책이자 심리치료의 기초가 되는 책이다. 이 책은 나의 인생 책이기도 한데, 삶의 의미를 놓친 친구들이나 미래를 결정하지 못한 후배들에게 선물로 건네곤 한다. 실제 수용자 신분이었던 저자는 크리스마스 이후에 수감자들의 자살률이 가장 높다는 것을 발견한다. 이 끔찍한 곳에서 나갈 수 있을 것이란 기대 속에 크리스마스를 기다리다 그 이후 아무 일도 일어나지 않자 삶에 절망하고 자살한 것이다.

취업을 준비하는 사람들도 유태인 수용자들과 비슷한 희망을 갖는다. 취업만 되면 모든 것이 다 될 거라 믿는 경향이 있다. 기나긴 인생에서 취업은 아주 짧은 순간이다. 취업이 인생의 목적인 사람들은 취업 후 또다시 방황할 수도 있다. 취업이 역경의 끝이라고 생각하면 오산이다. 취업의 문을 통과하고 나면 더 큰 역경의 파도들이 기다리고 있을 것이다. 전혀 예측하지 못한 파도들이 덤벼들 것이다. 그러므로 취업의 시간 속에 자신에 대해 알아가고, 자신이 세상에 어떤 의미가 있는지를 발견하고, 또 확신한 채 취업의 바다에 뛰어든다면 삶의 많은 파도를 이겨낼 수 있을 것이다. 위대한 항해사는 폭풍우 속에도 키를 놓지 않고 배의 방향을 조절하여 파도를 뚫고 나아간다. 이유는 하나, 자신이 항해사이기 때문이다. 이 항해사처럼, 삶에서 자신을 발견하고 삶의 의미를 발견한 사람은 역경을 뚫고 나아갈 수 있다.

취업에 성공했지만 직장이 자신의 방향과 맞지 않다는 것을 발견하는 일이 종종 있다. 이때 나이 탓에, 취업 경쟁에 다시 뛰어드는 게 싫어서, 다시 한들 잘되리란 보장이 있겠는가 하는 두려움에 애써 만족을 가장하며 사는 경우가 많다. 빅터 플랭크는 희망 없는 수용소에서 자신에게 주어진 삶을 비난하며 신을 원망하던 이들을 향해 이런 말을 건넸다.

"삶에 무엇을 기대하지 말고 삶이 우리에게 무엇을 기대하는지를 생각해보라."

이 말은 나에게도 큰 위로가 되었다. 역경을 이겨낼 수 있는 용기를 주었다. 자신의 처지만 생각하는 사람은 역경 앞에 쓰러지기 십상이다. 하지만 자신이 세상에 기여할 무엇인가를 고민해 본다면 역경과 맞설 수 있는 힘이 솟을 것이다. 단지 현재의 만족을 위한, 혹은 남의 시선을 의식한 그럴싸한 취업에 목매달지 말자. 인생의 첫걸음이라는 마음으로 취업에 임하자.

산삼은 언덕이나 산비탈의 돌사이 험난한 곳에서 몇 십년간 힘겹게 뿌리를 내리며 자란다. 몇 년 만에 성장을 끝내는 인삼보다 몸통은 얇지만 뿌리는 훨씬 길다. 그 산전수전 다 겪은 뿌리에서 나오는 약효는 인삼에 비할 바가 아니다. 청춘이라면 산삼을 꿈꾸자. 지금 삶이 힘겹다면, 그것은 미래의 자신의 가치를 만드는 성장통이라 생각하자.

Life Surfing

- 취업이란 단지 기업에 들어가는 것이 아니라 삶의 의미를 찾는 것이다.
- 기록으로 자신의 꿈을 누적해 나가라.
- 청년의 시기에 취업이란 벽을 두려워하지 마라.

5
불확실한 파도를
향하여

사회생활은 새로운 세계로의 여행

학창시절을 마감한 뒤 취업을 하고 첫 사회생활을 시작하는 것은 새로운 세계로 여행을 떠난 것과 같다. 첫 해외여행에 나선 여행자는 대부분 목적지인 나라에 도착했을 때 기대에 부푼다. 하지만 낯선 것에 관한 이질감과 두려움을 느끼기도 한다. 만약 여행을 떠나기 전 그 나라에서 필요한 것들, 가고자 하는 곳의 정보를 치밀하게 알아보고 계획을 세웠다면 이질감과 두려움은 한층 덜할 것이다. 물론 더 효과적이고 즐거운 여정을 보낼 수 있다. 아무 준비 없이 도착한 사람과는 여행의 질이 확연하게 차이가 날 게 틀림없다. 취업이나 사회생활도 마찬가지다. 얼마나 준비하느냐에 따라 삶의 질을 더 높일 수 있고, 가야 할 방향을 더 분명히 잡을 수 있다.

상처를 통해 얻는다

사회생활 초기 찾아오는 역경은 취업 준비하던 시절의 그것과는 또 다르다. 취업 준비 과정에서는 자신이 누구인지, 무엇을 해야 하는지, 어떻게

라이프 서핑

기업에 들어갈 것인지 등의 문제에 어려움을 겪었다면, 사회생활 초기에는 자신의 바닥을 한없이 보게 된다. 부족한 실력, 실수, 그리고 멀어져만 가는 꿈과 목표……. 더구나 조직에서의 인간관계는 사람의 피를 말릴 정도다. 업무가 적성에 맞고 성과가 좋아도 인간관계에서 어긋나면 직장 생활은 지옥이 되기도 한다. 물론 업무가 맞지 않거나 단조로운 일만 반복하면 동기가 사라지거나 삶의 의미가 흐려지기도 한다. 적은 월급으로 인해 닥쳐오는 경제적 문제도 무시할 수 없다.

이와 같은 역경에 처하면 이직을 고민한다. 하지만 이직이 만만한 일은 아니다. 이직 준비를 할 겨를도 없을 만큼 수많은 역경들이 파도처럼 밀어닥치기도 한다. 그렇게 휩쓸려 살다 보면 어느 순간 꿈은 사라지고 회의만 남는다.

나는 사회 초년기 너무 긴장한 탓에 무조건 일만 열심히 했다. 모든 것을 걸고 일에 집중했다 해도 과언이 아니다. 하루가 멀다 하고 야근을 했으며 여가 따윈 없었다. 시간을 쪼개 관련 분야의 책을 파고들거나 여러 교육들을 쫓아다니면서 들었다. 하지만 성장은커녕 마치 물속에서 제자리걸음하는 기분이었다. 나보다 많은 월급을 받으면서 레저를 즐기고 연애도 하는 친구들을 보면 스스로가 낮고 어리석어 보였다.

다행히 회사 생활이 암울한 편은 아니었다. 첫 직장인 H 교육회사에는 나이대가 비슷해 죽이 잘 맞는 동료도 많았고, 부지런한 아침형 인간도 많아 업무 시작 전 각자의 자리에서 공부를 하는 독특한 즐거움도 있었다. 나는 기획부에 계약직으로 몸담고 있었는데, 팀원들은 병아리에 불과한 나를 잘 챙겨주고 따뜻하게 대해주었다. 이렇게 좋은 사람들이 많은 회사라 나는 이곳에 뿌리내리고 싶었다.

그러나 결국 정직원으로 뽑히지는 못했다. 내성적인 성격 탓에 스스로를 돋보이게 만들지 못한 탓도 있지만, 기획부 업무에 전문성이 떨어지는 것이 가장 큰 이유였다. 사회생활의 첫사랑이었던 회사를 떠나는 아픔은 컸다. 퇴사하는 날 한동네에 사는 김우람 팀장님이 내 짐을 실어 주려고 차를 태워줬는데, 함께 가는 내내 소리 없이 눈물을 흘렸다. 팀장님은 그런 날 배려하며 묵묵히 집에까지 데려다주었다. 그때, 눈물이 없는 내가 눈물을 흘리며 한 가지 결심을 했다. 다른 이유면 몰라도 절대 실력이 부족하다는 이유로 내가 좋아하는 것, 내가 좋아하는 사람을 잃지 말자! 그 시간이 나에게는 상처이고 아픔이었지만 돌이켜보면 지속적으로 나를 성장시킨 자극제였다.

꿈 = 역경을 이겨내는 힘

번데기 속 애벌레는 오랜 시간을 어둠속에서 지낸다. 몸집이 커지고 나비로 변할 때 그 몸집에 의해 번데기가 벌어지게 된다. 나비는 그 구멍에서 나오는 빛을 향해 나아간다. 찰스 코엔이라는 학자는 번데기를 관찰하다 나비가 구멍을 빠져나오려 애쓰는 것이 안따까워 쉽게 나올 수 있도록 가위로 끝을 살짝 잘라주었다. 덕분에 나비는 쉽게 번데기에서 나왔지만 멀리 날지 못하고 땅에 떨어져 죽어버렸다. 나비는 자기 몸을 죄어오는 번데기의 껍질을 밖으로 밀어내려 온 힘을 쏟는다. 그 과정에서 날개에 근육이 붙어 날 수 있는 힘이 생긴다. 나비는 날고자 하는 꿈으로 역경을 이겨낸다.

나는 이직을 준비했다. 그 과정이 처음 취업의 시간처럼 힘들었지만 준비는 더 구체적이었다. 교육기획자가 되고 싶다는 갈망을 마음속에 가득 채우고 피나는 노력을 기울였다. 혼자서 책을 파기도 하고, 독서모임에서 멘토들과 함께 책을 파기도 했다. 많은 이들과의 교제와 경험담을 통해 삶에 대한 인식도 점점 바뀌나갔다. 그 결과 이직에 성공했다.

하지만 그 후 2년 동안 세 번이나 적응에 실패해 직장을 옮겼다. 이 과정에서 상처도 많이 받았다. 경력에 대한 부분이 꼬이며 내 인생도 꼬이는 느낌이었다. 꿈에 맞는 커리어들을 부단히 쌓아야 할 판에 직장 선택을 잘못해서 경력에는 오점만 가득했다. 자신감이 떨어졌다. 이때 포기할 수도 있었지만 다행히 나는 마음을 추슬렀다. 나를 위한 시간을 가지며 바인더 속 비전과 꿈들로 돌아와 다시 그것에서 시작했다. 언젠가 멋진 기획자가 되자고 다시 한 번 가슴으로 꿈꾸었다.

키워드는 확신

자신의 꿈에 대해, 자기 자신에 대해 확신하는 것이 중요하다. 그 방법으로 글로 생각을 기록하는 것이 요긴하다. 생각을 기록하고 되새기면 확신에 더 가까이 갈 수 있다. 사람들에게 자주 자신이 하고자 하는 바를 말하는 것도 좋다. 타인에게 말을 하는 것은 미래의 꿈을 거두기 위한 씨앗을 뿌리는 것과 마찬가지다. 씨앗을 뿌렸다는 책임감이 스스로를 독려한다. 나 역시 주변 사람들이 "넌 뭘 하고 싶니?" 하고 물으면 "교육기획을 하고 싶습니다" 하고 말했었다. 그 덕분에 일거리도 받을 수 있었고, 기획을 경험하며 커리어를 쌓아갈 수 있었다. 나아가 나의 정체성을 만들어갈 수 있었다.

사회생활 초기에는 역경이라는 파도가 끊임없이 몰아칠 것이다. 그런 과정은 공평하게 다 겪는 것이다. 준비가 잘되어 있는 사람이라도 예외는 아니다. 이때 꿈들을 기억하며 계속 나아가야 하다. 거친 파도가 온다고 해서 두려워 주저앉지 말고, 그 거친 파도를 신나게 타는 자신을 상상하며 나아가는 것이다. 단언컨대 역경이 전혀 없는 삶이란 없다. 중요한 점은 누구든 지 인식할 수 없을 정도로 역경에 익숙해질 수 있는 내공을 키울 수 있다는 것이다. 처음이 힘들지 시간이 지나 익숙해지면 역경은 사소해진다. 반대 로 자신은 성숙해진다. 태풍이 올 때 참새들은 바람을 피해 숨어버리지만 독수리는 그 바람을 따라 날아오른다. 참새로 살 것인지 독수리로 살 것인 지, 선택은 자신의 몫이다.

Life Surfing

- 인생이 풀리지 않을 때 자기 자신을 점검하라
- 사회 초년은 누구에게든 역경이다. 그것이 사소해지도록 자신을 성장시 키자.
- 역경이 깊어질수록 자신의 꿈을 더 자주 말하며 되새겨라.

자신의 인생에서 기억에 남는 10가지를 기록해 봅니다. 과거의 경험들을 통해 자신을 발견하는 과정입니다. 지난날 좋았던 점뿐만 아니라, 역경이라 생각했던 점들을 생각하며 지금의 자신을 정리하는 것입니다. 이를 통해 과거에는 깨닫지 못했지만 새롭게 알게 되는 것들이 있을 것입니다. 과거의 경험들은 자신의 강점을 발견하는 중요한 단서입니다.

내 인생 10대 뉴스

1.

2.

3.

4.

5.

6.

7.

8.

9.

10.

Think

위의 사건들이 자신의 인생에 어떠한 영향을 미쳤는지 살펴봅시다. 즐거웠던 사건뿐만 아니라 고통스러웠던 사건도 현재에 긍정적인 요소들이 있습니다. 또한 자신의 경험들은 자신의 내면 속에서 일정한 자아를 형성하여 줍니다. 좋았던 일들은 감사로, 나빴던 기억들은 깨달음으로 스스로 정리합니다.

PART 2

패들링 Paddling

두려움 뚫고
바다로 나아가다

"뭐가 가장 힘들어?"

"그냥…… 힘들어."

 무엇이 나를 힘들게 하는지, 가만히 생각해 보니 여러 가지 기억들이 떠올랐다. 잊고 싶은 과거의 모습들에 그만 숨이 막혔다. 지금의 나를 살펴보니 정체되어 있고 지쳐 있었다. 과거에 발목 잡혀 앞으로 나아가지 못하는 상태라고 할까?

무엇인가 시작하려 할 때 악착같이 달라붙는 방해꾼이 있다. 그것은 '나의 과거'이다. 자신의 과거의 모습들이 현재를 통해 투영될 때가 있다. 과거에 안 좋았던 기억, 실패의 기억이 현재와 연결되어 떠오르곤 한다. 나 역시 마찬가지였다. 나는 방해꾼을 떨쳐내고, 나의 과거를 뚫고 앞으로 나가고 싶었다.

서핑을 타려면 반드시 파도를 뚫고 나가야 한다. 파도를 뚫고 바다로 나가는 것을 '패들링'이라 이른다. 자신이 타야 할 파도를 넘어야 파도를 탈 수 있다. 파도와 같은 역경을 우리는 넘어야 한다. 무언가를 할 수 있느냐 없느냐의 여부는 우리가 무엇을 어떻게 넘어 왔는지에 좌우된다.

삶이란 파도는 끊임없이 우리를 향해 온다. 오지 말라고 해서 오지 않는 것이 아니다. 자신이 넘어야 할 파도를 정직하게 대면하고, 집중해서 내면의 두려움을 이겨 낼 때 파도를 뚫고 나아갈 수 있다.

1
오직 너의 바다에
집중하라

사회생활에서 힘든 것

내가 사회생활을 하며 가장 힘들었던 부분은 야근이나 과중한 업무가 아니었다. 사람들과의 관계였다. 자본주의 사회에서는 누구나 자신의 이익에 기초해 일한다. 나라고 다를 바 없었다. 하지만 이기심이 바탕에 깔려 있다 해도 서로를 비방하며 공정하지 못하게 경쟁하는 모습은 마음을 무겁게 만들었다. 앞에서의 말과 뒤에서의 말이 다른 사람들과 함께 일하는 것 또한 의욕을 잃게 했다. 프로젝트의 목표를 성취해 나가는 과정에서 사람들 사이의 삐걱거림을 달래주는 일도 지치고 힘들었다. 내가 그들을 달래듯이 누군가 나를 달래주었으면 하는 바람이 절실했다.

나는 일을 하며 시끄러운 것이 싫었다. 때문에 텅 빈 사무실에서 밤을 새거나 집에서 일했다. 일에 빠져 사니 친구들은 자연히 멀어졌다. 주변엔 일 때문에 형식적으로 만나는 사람들만 남아 있었다. 그래서 외로웠다. 이따금 감정이 극에 달할 때면 아무도 만나기 싫었고, 어디론가 숨어버리고 싶은 생각이 들었다. 숨 막힐 것 같은 감정에서 빠져나오고 싶은 마음뿐이었다. 그래서 나는 바다로 도망치곤 했다. 고등시절의 가출처럼. 직장 생활에 적응하지 못하는 내 자신이 한심하기만 했다.

파도와의 싸움

그날도 나는 바다를 찾았었다. 바람이 많이 불고 파도가 조금 높은 날이었다. 바다 가운데 사람이 있었다. 외국인이 하얀 스펀지 같은 물체 위에서 파도를 타고 있었다. 한국에서 서핑이 보편적이지 않았기에 그 광경이 신기했다. 관광객들도 그 외국인을 호기심 어린 눈으로 쳐다보았다. 그는 30분 넘게 서핑을 탔다. 문득 나도 한번 타보고 싶다는 생각이 들었다. 명색이 나는 바다사나이였으니까.

이후 인터넷으로 서핑하는 곳을 뒤졌다. 처음 간 곳은 개업을 한 지 얼마 안 된 곳으로 내가 첫 손님인 것 같았다. 초보사장님은 매우 친절하고 세심하게 신경을 써주었다. 그날은 파도가 너무 세서 초보자가 들어가기 힘들다고 하여 다음 날 들어가기로 일정을 변경했다. 서핑을 탈 것을 생각하니 힘들었던 생각들은 어디론가 사라지고 설렘이 생겨났다.

이튿날 아침 서핑을 타기 위해 바닷가에서 준비운동을 하고 바다에서의 자세를 연습했다. 지상에서 바다를 보니 어제 외국인이 타던 파도와는 달리 작은 파도들이었다. 약간은 실망감이 들었지만 연습하기에는 무리가 없어 보였다. 드디어 보드 위에 엎드려 팔로 저어 바다로 나갔다. 그런데 이게 웬일인가! 지상에서는 아기 파도 같았는데 물에서 만나니 쓰나미가 일어난 듯 크게 느껴졌다. 바다 깊숙이 들어가야 하는데 쉽지 않았다. 팔을 저어 패들링을 하며 파도를 뚫고 나가는데 파도들이 나를 사정없이 때려 댔다. 그러다 보드와 함께 뒤집어졌다. 파도에 휩싸여 들어가 꿀꺽 물을 먹었다. 물속에서 나오자마자 다음 파도가 나를 후려쳤다. 마치 나를 갖고 노는 느낌이었다. 몇 개의 파도를 넘어야만 파도가 너울지는 안전한 곳에 다다른다. 그곳까지 죽을힘으로 파도를 넘으려 했지만, 파도가 높아 쉽게 넘어가지 못했다.

그렇게 파도에게 얻어맞다가 무엇인가 내면에서 쑥 북받쳐올랐다. 과거의 내가 이겨내지 못한 실패들이 떠올랐다. 그것들이 나를 조롱하고 괴롭히고 있었다. 악에 받친 나는 손으로 바다를 치며 젖 먹던 힘을 다해 바다로 나아갔다. 평소 하지 않던 욕까지 해대며 오직 파도를 넘겠다는 집념으로 괴성과 함께 파도를 뚫었다. 그렇게 파도와 정신없이 싸웠더니 어느덧 안전한 라인업 지점에 도착해 있었다. 처음 파도를 뚫고 난 뒤 성취감에 말할 수 없이 기뻤다. 마치 나의 문제를 모두 해결하고 이겨낸 것 같은 기분이 들었다.

진짜 역경은 바로 내 안에

누구나 삶에서 해야 하는 이유보다 하지 못하는 이유로 인해 더 괴로워한다. 무엇인가가 정해지면 '내가 하는 이유'에 대해 집중하고 나아가야 한다. 방해 요소들은 외부보다는 내부에 더 많다. 주변을 의식하거나 타인의 의견에 내 결정을 맡기지 말고, 스스로 의지를 가지고 나아가야 한다. 내면이 흔들리는 순간 파도가 나를 덮쳐 버릴 것이다

언젠가 친구 부모님이 내게 버스운전수를 직업으로 권한 적이 있다. 내가 군대에서 대형버스를 운전한 경험이 있어서인데, 친구 부모님은 버스운전수가 월수입도 괜찮아 해볼 만한 직업이라 했다. 나를 문제아로 기억하는 어떤 선생님은 태권도 3단인 내게 태권도 사범을 추천했다. 어쩐지 고등시

절 문제아가 그 정도면 사회에서 성공한 거다, 라는 속마음이 비치는 듯했다. 아무 대꾸도 안 했지만 사실 속상했다. 그런 말들을 받아들였다면 나는 거기서 만족하며 살았을지 모른다. 생각만 해도 끔찍하다. 언제든 자신의 꿈을 타인에게 평가받고 재단당할 수 있다. 가족, 친구 등 가까운 데서부터 그러한 행위는 시작된다. 물론 진심어린 조언도 받을 수 있다. 그러나 그것들에 크게 영향 받을 필요는 없다. 내 꿈은 내가 마음먹는 순간 진행된다.

무엇보다 자신의 길에 대해 스스로 물어보는 태도가 필요하다. Why에 대해 질문하며 그 이유를 찾아나가자. 질문에 대한 답이 바로 나타나지 않을 수도 있지만 답을 찾는 과정에서 삶을 깊이 배울 수 있다.

Life Surfing

• 바다 깊이 들어가듯 자기 자신으로 깊이 들어가 숨겨진 나를 보자.
• 역경이 올 때 첫 번째로 싸워야 할 대상은 자기 자신이다.
• 꿈을 방해하는 것이든 도움 주는 것이든 크게 영향 받을 필요는 없다.

2
두려움을 이겨내는
정직의 힘

역경을 맞이하는 자세

바다로 나가기 위해서는 반드시 파도를 넘어야 한다. 보드 위에서 끊임없이 헤엄쳐야 하는데, 이때 파도를 몇 개 넘어야 할지를 고민하면 좌절을 맛보기 십상이다. 그냥 지금 눈앞의 파도만 넘겠다는 생각으로 나아가는 게 유리하다. 바로 앞에 있는 파도만을 보며 최선을 다해 하나하나 넘어가다 보면 안전한 파도에 도달하게 된다.

사람의 마음속에는 역경에 대한 두려움이 있다. 훌륭한 리더로서 존경받는 인물들은 역경에 강한 사람들이다. 성공한 사람들 대부분은 역경을 이겨내며 자신의 분야를 일구어낸 것이다. 이들의 모습을 주의 깊게 살펴보자. 용기를 얻을 수 있을 것이다. 역경 없는 삶이란 상상조차 할 수 없다. 누구나 자신이 처한 역경이 가장 고되고 힘들다고 호소한다. 역경은 상대적이다. 이를 대하는 마음가짐과 태도에 따라 만만할 수도, 녹록지 않을 수도 있다. 당신은 역경을 어떻게 마주할 것인가?

정직한 마음이 사람의 마음을 녹인다

어린 시절 목사 아버지에게 엄격하게 교육을 받으며 매를 맞던 시기가 있었다. 나는 목사님 아들답지 않게 장난기가 많아 사고뭉치였다. 예배시간에 형들과 떠들다 교회 앞에 불려나가 무릎 꿇고 예배 드리고, 집에 와서까지 혼난 적도 있었다. 매를 덜 맞으려고 이 핑계 저 핑계 대고, 때로는 울면서 용서를 구하기도 했지만 어김없이 회초리를 맞았다.

중학교 2학년인가, 사춘기를 보낼 무렵 잘못을 저질러 아버지 앞에 서게 되었다. 심각한 잘못이어서 피해갈 구멍이 없다 생각했다. 자진해서 종아리를 걷고 잘못을 솔직하게 털어놓았다. 그리고 묵묵히 매를 맞았다. 웬일인지 평정심에 아픔이 그리 두렵지 않았다. 아무 신음소리도 없이 매 맞는 모습에 아버지도 뭔가 마음이 움직였는지 다음에 잘못하면 그때 더해서 맞기로 하고 매질을 멈추었다. 그 뒤로 아버지는 매를 대지 않았다. 내가 스스로를 정직하게 되돌아보는 행동이 아버지에게 울림을 주지 않았을까 짐작한다.

이후 집에서든 학교에서든 잘못을 회피하기 위해 거짓말이나 핑계를 대지 않았다. 고등시절 주말에 종종 친구들과 시내로 나가서 소주를 마시곤했다. 마시고 난 뒤에는 완전 범죄를 위해 술냄새를 완전히 제거하고 학교로 들어갔다. 그런데 어느 날 체육 선생님인 최강묵 선생님이 정문에서 기다리고 있었다. 우리는 입을 맞추어 둘러댈 핑계를 만들어내고 서로 신신당부를 했다. 선생님이 한명씩 돌아가며 무엇을 하고 왔는지 물어보았고, 친구들은 입을 맞춘 대로 이야기했다. 드디어 내 차례다. 어쩐지 거짓말이 나오지 않아 "모르겠습니다" 하고 대답했다. 그랬더니 선생님은 계속 나만 집요하게 물고 늘어졌다. 나는 모른다고 버티다가 결국 솔직하게 털어놓

왔다. 내 덕분에 그날 운동장에서 친구들과 실컷 벌을 섰다. 나는 친구들의 원망을 한 몸에 받았다. 나중에 안 사실이지만 선생님은 시내에 나갔다가 우리를 보고 난 뒤 학교로 돌아와서 기다리고 있었던 것이다. 이후 선생님은 웃는 얼굴로 나의 솔직함을 칭찬했다. 주변 사람들에게 자랑스럽게 내 이야기를 꺼내기도 했다.

체질상 거짓말하는 성격이 못된다. 아부도 못해 군대시절 정말 많이 고생했다. 그 바람에 고참과 간부들에게 센스 없고 융통성 없다는 소리도 많이 들었다. 직장생활을 시작하면서는 업무에만 집중했다. 센스 없고 융통성 없는 내가 시도한 나만의 생존법이었다. 시간이 지나면서 그런 내 스타일을 주변 사람들로부터 다른 방식으로 인정을 받았다. 거짓말하지 않아도, 아부하지 않아도 직장생활을 잘할 수 있음을 몸소 증명한 것이다. 사회생활을 하며 정직한 태도 덕분에 위험했던 순간들을 벗어났던 적도 많았다. 정직은 내가 배우고 터득한 생존법이다.

때로는 정직을 지키다가 원하는 방식으로 일이 풀리지 않거나, 손해를 보는 것처럼 느껴질 수도 있다. 하지만 시간이 지난 후에는 그러한 행동들이 더 많은 이득으로 돌아온다. 이것을 확신하자.

신 앞에서 하듯 - '코람데오'

일을 처리할 때나 문제를 해결할 때 핑계를 대기보다 솔직하게 말하는 편이 더 좋은 해결책이 된다. 나도 난감한 문제를 고객들에게 밝히지 못해 마음고생을 많이 한 적이 있다. 언제 무엇을 할 테니 기다려 달라, 이제 곧 완성된다, 다음에 해주겠다, 이와 같이 말하며 넘어간 것은 다음번에 더 큰 문세도 나타났다. 오히려 정직하게 털어놓으며 상황을 이해시켰을 때 고객들의 마음을 얻을 수 있었다. 정직이란 것이 고생스럽고 오랜 시간이 걸릴 수도 있지만, 위기를 벗어날 수 있는 최선의 방법이라 믿는다.

정직으로 얻는 가장 큰 혜택은 사람이다. 일만 잘하면 파트너로 그치지만 정직을 보여주면 친구가 될 수 있다. 친구와 일하면 능력 이상의 업무도 해낼 수 있다. 즐거움은 덤이다.

3P 자기경영연구소에서 일할 때도 정직은 큰 도움이 되었다. 나는 교육 기획을 맡았는데, 당시 초창기였던 회사는 늘 소란스러웠다. 그런 분위기에서는 도무지 연구를 할 수가 없어 조용히 책과 자료를 싸들고 나가 밖에서 일하곤 했다. 이사님은 혹시나 회사에 적응을 하지 못해서 그러나 걱정했지만, 일은 쌓이고 환경상 집중할 수 없었기에 어쩔 수 없었다. 대표님은 어디 가냐고 물어보기도 했다. 나는 작업분량에 대한 목표를 세우고 나가서 그것을 꼭 해치우고 돌아오는 것으로 답을 대신했다. 그 후 윗분들은 그런 나를 믿고 군말 없이 내보내주었다. 평소 게으름 피우거나 속이는 행동을 한 적 없었기에 그 믿음은 더욱 굳건했다.

3P 자기경영연구소의 가치 중 하나는 '코람데오'이다. 무슨 일을 하든지 하나님 앞에서 일을 하듯 하라는 뜻이다. 누가 볼 때만 열심히 일하고 보지 않으면 대충하는 사람과, 그렇지 않은 사람의 차이는 확연하게 다르다. 누가 보든 보지 않든 자신이 맡은 일에 대해 언제나 최선을 다해야 한다. 그것은 자신의 성장으로 이어지며, 또 다른 기회가 주어지는 계기가 된다. 요즘 세상에 정직이란 것이 고리타분할 수도 있지만, 정직은 시대에 변함없이 자신을 성장시키고 성공시키는 중요한 요인이다.

인생에서 역경이라는 파도는 끊임없이 닥쳐온다. 그것이 어떠한 형태로 다가올지는 아무도 모른다. 역경을 이겨내는 방법 중 하나는 정직하게 그에 맞서는 것이다. 아무리 큰 역경일지라도 정직함 앞에서는 잠잠해진다.

Life Surfing

- 정직한 마음이 사람의 마음을 녹인다. 항상 정직하기로 마음먹어라.
- 역경이 다가올 때 혹은 문제에 마주할 때 자신과 타인에게 정직하라.
- 신 앞에서 하듯 모든 일해 최선을 다하라.

3
어떤 상황에도 목표를
달성하는 사람들

남다른 결과를 만들어내는 힘

나는 직장생활을 하며 똑같은 환경과 똑같은 시간이 주어졌음에도 불구하고 남다른 결과를 만들어내는 사람들을 어느 조직에서나 목격했다. 그들은 성과를 내는 자신만의 방법과 일을 처리하는 노하우가 몸에 배어 있었다. 일의 능률이 떨어진다면, 일하는 방식을 바꾸며 더 효과적으로 일할 수 있는 길을 찾아내야 한다. 직장에서 성장하려면 점점 더 큰 범위의 일을 맡을 수 있어야 한다. 그러기 위해서는 스스로의 힘으로 자신을 다른 차원으로 올려놓는 수밖에 없다. 일하는 방법을 개선하거나 자신을 성장 시키지 못한다면 한정된 일 이상은 도전하기 어렵다.

주어진 시간에 목표를 달성하는 법

회사에서는 보통 많은 일들이 주어진다. 그런데 부가적인 업무로 인해 핵심 업무에 지장을 받는 경우가 많다. 가령 전화통화, 서류결재, 미팅, 거래처 식사 따위. 이런 업무가 끊임없이 이어지면 정작 중요한 것이 뒷전으로 밀리게 된다. 나 역시 신입 때는 부가적인 업무 때문에 핵심 업무에 집중하지 못하는 모습을 자주 보였다.

업무와 시간을 효율적으로 관리하면 이러한 사태를 방지할 수 있다. 3P 자기경영연구소는 자기관리 교육회사이기에 이러한 훈련을 잘 받을 수 있었다. 나는 이곳에서 근무하며 보통 3~5개 정도, 많을 때는 장기적으로 해결해야 하는 것을 포함해 10개가 넘는 일들을 동시에 처리했다. 물론 초기에는 부담감에 스트레스를 많이 받았다. 하지만 시간이 지나며 여러 가지 일을 동시에 할 수 있는 방법을 터득할 수 있었다. 여기서 실질적으로 도움이 되는 방법 몇 가지를 소개하고 싶다.

첫째 자신의 일들을 기록하고 우선순위를 정하라. 이때 중요한 것은 손으로 적든 컴퓨터에 남기든 기록하는 과정이 반드시 있어야 한다. 기록하는 과정에서 일이 정리가 되는 경우가 대부분이다. 우선순위가 정해지면 낱낱의 일에 대한 시간을 배정한다. 바인더를 활용하여 일에 소비되는 시간을 기록으로 남기고 시간관리를 할 수 있게 구조화하면 실용적이고 효과적이다. 즉 '중요한 것을 하기 위한 시간을 확보하는 전략'이다.

둘째 자신의 일들을 역산하는 습관을 들인다. 나는 행사 기획을 많이 했었다. 행사 기획은 시간이 흐름에 따라 업무들의 중요도가 달라진다. 그렇기 때문에 행사의 프로젝트 진행에 따라 일을 미루지 않고 기간에 맞추어 진행해 나가는 것이 중요하다. 기획 회의를 하면서 항상 일의 전체를 그리고, 그것을 끝에서부터 역산해 시간을 도출하는 습관을 들였다.

역산을 할 때 중요한 원리 중 하나는 전체를 보는 것이다. 마지막 결과의 모습이 어떠할지 예상하고 역산하는 것이다. 마지막 결과의 모습에 대해 구체적이지 못할 경우에는 그것을 느낌으로 잡아도 괜찮다. 어떤 이들은 결과가 또렷이 그려지지 않아 아예 시작을 못하기도 한다. 보통 결과의 모습은 일이 진행되면서 구체적으로 뼈대가 드러나기 마련이다. 일의 중간에도 그 모습은 끊임없이 수정되기 때문에 결과에 대해서 지나치게 고민하지 않아도 된다. 문제의 답은 프로젝트를 진행하는 과정 속에서 발견된다.

또한 마감효과를 활용하면 좋다. 마감효과는 마감이 다가올수록 일에 긴장감이 생겨 성과나 혹은 속도 면에서 더 효과가 높아지는 현상이다. 혼자 일할 때는 물론이고 여럿이 공동으로 일을 진행할 때 효과적이다. 역산에도 마감효과가 쓰인다. 역산을 하면 '중간 마감'들을 설치하게 되기 때문이다. 일의 중간중간 마감에 걸리면 일하는 사람은 더 분발하게 된다.

셋째 일을 쪼개어 해결한다. 규모가 큰 일이 갑자기 주어지면 문득 겁이 난다. 이런 경우 맡겨진 일을 여러 개로 쪼개면 일을 해결하는 데 많은 도움이 된다. 그 누구도 못하는 일 혹은 도저히 감당 못할 일이 주어지는 경우는 극히 드물다. 이전에 누군가 분명히 해냈거나, 방법만 알면 할 수 있는 일이 주어진다. 일이 왔을 때 일을 쪼개며 분석하는 사고를 가지면 해결책을 찾을 수 있다. 그렇게 쪼갠 일들은 모두 한꺼번에 처리하기보다는 하나하나 처리해 나가는 게 효과적이다. 즉 두 번째 방법과 연계하는 것이다. 우선순위를 정하고 마감효과를 활용해 역산해서 일하기. 그렇게 한다면 일을 맡긴 사람에게 태연히 마감 시간을 알려 줄 수 있을 만큼 여유를 얻을 것이다.

미래를 시뮬레이션하고 현재를 일하라

서핑에서 파도를 뚫고 나갈 때 파도와 부딪히는 충격으로 중심을 잃기도 하고 뒤집히기도 한다. 이를 방지하기 위해 지상에서 시뮬레이션 훈련을 한다. 하지만 아무리 시뮬레이션을 열심히 해도 바다에 나가서 훈련하지 않으면 실력은 늘지 않는다. 일을 배울 수 있는 가장 좋은 방법은 현장에서 몸소 일을 해보는 것이다.

청춘일수록 많은 상황을 경험하며 '일머리'를 키워야 한다. 자신의 업무가 아니라고 불평하며 피하려 하기보다 여력이 된다면 되도록 많은 일을 경험하는 것이 좋다. 젊은 시절의 경험이 훗날 리더의 자리에 올랐을 때 문제해결 및 관리 능력으로 활용된다. 나 또한 이 진리를 진작 알았더라면 더 많은 부분에서 경험을 가졌을 것이다. 지금도 못내 아쉬움이 남는다.

나는 기획자가 되고 싶었다. 전문 기획자가 되기 전부터 누가 "주영씨는 무엇을 하는 사람이에요?" 물으면 항상 "저는 교육기획을 하는 사람입니다" 하고 대답했다. 교육기획에 대해 잘 알지도 못하면서 미래를 시뮬레이션한 것이다. 그리고 나는 그 대답에 책임지기 위해 열심히 교육기획자가 될 준비를 했다. 현재에 충실한 것이다. 그러던 중에 기회가 찾아왔다. 독서포럼 〈나비〉에서 교육프로그램에 대한 기획을 하게 된 것이다. 그저 봉사일 뿐 돈을 받는 것도 아닌데 가슴이 두근거렸다. 두렵기도 했다. 그런데 그 두려움은 긍정적인 두려움이었다. 만약 〈나비〉에서 나에게 간식 준비를 하라고 했다면 아무 두려움이 없었을 것이다. 내가 두려웠던 이유는 그 일이 내 꿈과 내 미래와 연결된 것임을 알고 있었기 때문이다. 그 기회를 놓칠까봐 나는 두려웠던 것이다.

자신의 미래와 연결된 기회는 놓치지 말자. 그러려면 자신의 미래의 모습을 그려보고 지금의 일이 어떤 의미가 있는지를 찾아야 한다.

> **Life Surfing**
>
> 주어진 시간에 목표를 달성하는 법
> ❶ 기록하고 우선순위를 정한다.
> ❷ 일을 역산하여 처리한다.
> ❸ 일을 쪼개어 해결한다.

4
두려움의 시작은
상처받은 나의 과거

한 사람이 서 있는 이유

여럿이 서핑을 즐기던 중 문득 한 사람이 바다에 들어오지 않고 한참을 서 있는 것이었다.

"서핑 안 타세요?"

"물 먹는 게 무서워요. 아까 엄청 물 먹어서 죽는 줄 알았어요."

그 마음이 십분 이해가 간다. 파도 속에 휩싸이면 몸이 물속에서 뱅글뱅글 돈다. 세탁기 속 빨래처럼 말린다고 해서 "세탁기를 당했다"고 표현한다. 심하게 당할 때는 눈도 뜨지 못한다. 정신없이 허우적대다가 육지 쪽으로 죽을힘을 다해 나오는 경우도 있다. 처음 서핑을 접한 사람이 파도에 휩쓸려 쓴맛을 보면 큰 파도에 엄두를 못 내거나 아예 바다에 들어가지 못하기도 한다. 바다가 두려워진 것이다.

상처 입은 내면 아이

살아오면서 나를 가장 힘들게 한 것은 바로 나 자신이었다. 스스로가 미웠던 이유는 현재의 단점들과 과거의 실패들로 인해 얼룩져 있는 자화상 탓이었다. 특히 과거의 실패들은 끊임없이 나를 따라 다녔고, 급기야 나를 열등감에 빠뜨렸다. 이겨내려고 몸부림쳤지만 그럴수록 자존감은 낮아졌다. 업무 성과를 올려도 감정은 만신창이일 따름이었다. 나는 살점을 다 뜯긴 채 바다 한가운데 덩그러니 떠오른 죽은 물고기 같았다.

일에서 성취를 해도 왜 감정은 바닥을 기었을까. 나는 완벽을 꿈꾸었던 모양이다. 사람들은 그만하면 괜찮다고 해도 나는 내 결점을 용서하지 못했고 용납하지 못했다. 왜 스스로에게는 그토록 엄격했을까. 후배나 동료가 실수를 하면 너그럽게 용서하고 넘어갔는데.

사람은 내면에 상처를 입으면 외면적으로는 성장을 해도 실상은 성장을 멈추게 된다고 한다. 어른이지만 상처로 인해 성숙하지 못한 아이 같은 감정을 '내면 아이'라고 부른다. 어른이 되어서도 아이처럼 미성숙한 태도를 보이거나 민감한 반응을 보이는 까닭은 내면 아이에 흔들려서다. 언젠가 나는 너무도 깊은 우울과 외로움에 빠져버렸다. 집을 나가는 것조차 두려워 출근도 하지 못한 때가 있었다. 그때는 햇빛도 싫어 번데기처럼 이불 속에 웅크린 채 누워 있었다. 그저 눈을 감고 있었다. 그런데 어느 순간 상자가 보이고, 그 상자의 모서리 그늘진 곳에 쭈그리고 엎드려 있는 아이가 보였다. 아이는 외로움과 슬픔에 젖어 있었다. 나로 인해 만들어진 내 내면의 아이였다. 남에게 관대하며 나에게는 엄격했던 나, 다른 사람은 용서하면서도 나는 용서하지 못하는 나. 그런 내가 세상에 내보낸 가련한 아이였다.

단점은 나를 강하게 만드는 단서

원동연 박사님을 찾아가 상담을 받았다. 나의 내면 아이 이야기를 꺼내자 이런 답변을 돌려주었다.

"주영아, 어른들은 아이들을 장점과 단점으로 분류하는 경향이 있어. 그런데 살아 보니까 장단점을 가리는 게 무의미하던걸. 어떤 사람은 장점이라고 믿고 있었던 것으로 인해 실패하기도 하고, 어떤 사람은 단점이라고 생각했던 것으로 인해 성공하기도 하더라. 돈이 장점이라고 생각한 사람이 돈 때문에 망하고, 돈이 부족한 게 단점이라고 생각한 사람이 그 이유로 성공하는 경우도 있지."

그 말이 많은 생각거리를 던져주었다. 나는 단점투성이였다. 그중 한 가지를 꼽으면 말주변이 부족하다는 것. 때문에 직장생활에서는 일찌감치 말로 승부 보기는 포기했다. 그 대신 발표를 하는 자리가 있거나 미팅을 하게 되면 사전에 다른 사람들보다 몇 배 더 철저히 준비했다. 그 준비 과정에서 표현 능력이 성장하게 되었다. 나의 단점이 강점으로 승화된 것이다.

또한 멘토링을 하면서 과거의 실패들을 사랑하게 되었다. 오히려 다양한 경험을 주신 것에 대한 감사가 피어났다. 나아가 내가 실패를 통해 무엇을 깨달아야 하고, 비슷한 실패를 겪은 사람에게 어떤 도움이 될까 생각하게 되었다. 그러자 실패가 의미를 갖게 되었다.

사람은 자신의 강점보다 단점에 집중하는 경향이 있다. 작은 단점으로 인해 자신의 큰 장점 혹은 재능을 보지 못하는 경우가 많다. 청년들과 대화하면서 자신만의 색깔과 재능이 있음에도 불구하고 과거가 주는 두려움이나 단점에 얽매여 자신의 상자에 갇힌 이들을 많이 보았다. 의지가 필요하다. 자신의 단점과 과거의 실패로부터 벗어나겠다는 결심을 품어야 한다. 그 결심으로 자신의 상자에서 벗어나는 순간 모든 것은 하나의 추억으로 지나간다.

역경은 성공을 위한 준비운동

청춘이라면 역경과 고난에 버티는 힘을 길러야 한다. 그것만으로도 독보적인 차별성을 가질 수 있다. 버티는 힘은 리더가 꼭 지녀야 할 자격이다. 그런 자격을 갖춘 리더는 역경과 고난 앞에서 흔들리지 않고 중심을 잡아준다. 리더가 중심을 잡아주는데, 그 누가 믿고 따르지 않겠는가. 위험한 파도가 노련한 선장을 만들어 내듯 역경과 고난은 리더로서의 삶을 예약한다. 청춘이라면 역경과 고난에 맞서 싸우자.

역경과 고난은 상대적이기에 남과 비교할 필요가 없다. 신은 감당할 수 있는 만큼만 고난을 준다. 그러므로 자신에게 주어진 고난을 당당히 이겨내야 한다. 한 번뿐인 인생이기에 피하지 말고 마주하자. 버티고 이겨내자.

나는 감사하다. 많은 역경과 고난의 시간이 지금의 나를 키웠기 때문이다. 때로 그런 경험이 없었다면 어떻게 되었을까 상상하기도 한다. 그러면 섬뜩한 미래가 떠오른다.

꼭 기억해야 한다. 단점은 그대로 두면 약점이 되지만 자세히 살펴보면 강점의 단서가 된다. 단점을 보완하는 능력도 분명히 자신 안에 있기 때문이다. 그 능력을 깨우고 훈련시킬수록 성공의 기회는 더 가까이 다가온다.

- 단점은 강점의 단서가 된다. 단점을 자세히 살펴보자.
- 과거의 실패에 긍정적 의미를 부여할 때 성장할 수 있다.
- 역경을 기회로 만들 수 있는 사람이 리더가 된다.

5
모든 문제에는
답이 있다

아이디어는 문제를 만날 때 생긴다

서핑을 타려면 바다로 나가야 하고 파도라는 어려움을 뚫고 나가야 한다. 힘겨움을 무릅쓰고 끊임없이 팔을 저어 앞으로 가면 어느덧 안전한 바다가 나타난다. 많은 파도를 만날수록 파도를 넘는 것이 익숙해지고 요령이 생긴다. 파도를 능숙하게 넘을 수 있는 아이디어가 생기는 것이다.

"좋은 아이디어 없나?"

직장상사가 사무실에서 종종 던지는 이야기이다. 그럴 때면 고개를 숙이든지, 아이디어를 묵상하듯이 심각한 표정으로 숙연해지든지, 다른 일로 바쁜 척하든지, 가지각색의 풍경이 펼쳐진다. 물론 누구나 문제에 부닥치면 반짝이는 아이디어를 내려고 각자의 방식으로 고군분투한다. 그러다 제풀에 지치기도 하고 한계를 느끼기도 한다. 급기야 체념하며 앞으로 나아가기를 포기하기도 한다.

많은 사람들이 기획자는 머릿속에 창의성이 가득할 것이라 생각한다. 하지만 나 역시 평범하다. 공부를 게을리 하거나, 다양한 경험을 하지 않으면 새로운 창의성은 피어나지 않는다. 누구나 아이디어가 부족해 전전긍긍한 다는 사실을 기억하자. 그리고 수많은 문제를 경험했을 때 좋은 아이디어가 탄생할 확률이 높다는 사실도 새겨두자.

막혀 있다면 긍정적으로

예술가를 꿈꾸는 젊은이들 가운데 많은 수가 작품을 위한 영감이 오지 않는 시간을 견디지 못해 방황한다고 한다. 그 시간들이 길어질 때 절망하며 재능이 탁월함에도 불구하고 예술을 포기한다고 한다. 나도 내 분야에서 능력 부족과 창의력 부족으로 좌절한 적이 많았다. 아무리 공부하고, 노력해도 잘 되지 않았다. 영감을 얻기 위해 다양한 활동을 하고 또 쉬기도 했지만 영감이 찾아와주지 않아 곤혹스러울 때가 많았다.

해결책이 보이지 않는 문제들로 막혀 있을 때 우선 회복해야 할 것은 긍정성이다. 그 긍정성 속에는 확신성이라는 것이 들어 있는데, 문제는 반드시 해결될 것이라는 전제에서 답을 찾아나서는 것이다. 긍정성을 품으면 문제를 바라보는 관점의 전환이 가능해진다. 관점을 바꾸면 의외로 쉽게 문제가 풀리기도 한다. 나도 여러 번 경험했다.

우주개발 시대 초기, 미국 항공우주국NASA은 약 13억 원을 들여 중력, 온도, 습도 등이 지구와는 완전히 다른 우주 공간에서 쓸 수 있는 볼펜을 개발했다. 그런데 나중에 몇백 원짜리 연필도 우주에서 사용 가능하다는 걸 알고 머쓱해했다. "꼭 볼펜이어야 하는가? 연필이면 안 되는가?"이와 같이 문제를 바라보는 관점의 전환이 있었다면 큰돈을 낭비하지 않았을 일이다. 시각과 관점에 따라서 문제는 얼마든지 해결될 수 있다. 긍정적인 마인드로 자신 있게 문제에 맞서자. 청춘 아닌가.

사람을 찾아가서 물어보는 겸손

사람을 찾아가는 것도 문제 해결 방법 중 하나다. 이미 그 문제를 해결한 사람의 조언은 약효가 뛰어나다. 문제를 푸는 열쇠를 가지고 있는 사람을 만나는 것은 사막의 오아시스를 만나는 것처럼 기쁜 일이다.

직장에 몸담았을 때 나는 남에게 질문하거나 도움 요청하기를 꺼렸다. 민폐를 끼치기 싫다는 마음 탓이기도 했지만, 자존심이 더 큰 이유였다. 물으러 갔다가 혼이 나면 괜히 갔다는 생각부터 했으니, 사람을 자주 찾았을 리 만무하다. 참 성숙하지 못한 지난날의 내 모습이다.

청년의 시기에 겸손의 자세가 중요하다. 자신을 낮춘 채 다른 이에게 묻고 도움을 구하는 것이 자신에게 약이 된다. 아는 것도 모르는 것처럼 자신을 내려놓을 때 누군가의 지식과 지혜가 내 안으로 들어온다. 사실 내가 멘토링을 받을 때는 이 진리를 잘 몰랐었다. 내가 멘토로서 멘토링을 하면서 비로소 깨달은 것이다. 자신의 지식을 놓지 못하는 사람, 자신만이 옳다고 여기는 사람은 정말 변화시키기 어렵다. 아무리 좋은 지식과 경험을 퍼주어도 그것이 튕겨나오는 느낌을 받는다. 백지장처럼 마음을 비운 채 무언가를 받아들이는 사람이 오히려 성장이 빠른 것을 자주 목격했다.

혈기왕성하던 시기 나는 내가 열심히만 하면 무엇이든 이뤄낼 수 있을 거라 생각했다. 독선과 독단으로 후배들의 의견을 무시했다. '선배니까 모든 책임을 질 테니, 경험 부족한 너희들을 올바르게 이끌 테니 나만 따라와라' 하는 생각으로 그들을 설득하며 끌고 갔다. 겉으로는 함께 의견을 나누며 소통하는 것처럼 행세했지만 머릿속에는 목표 달성을 위한 혼자만의 그림을 그려놓고 어떻게 끌고 갈 것인지를 고민했다.

다행히 지금은 변화에 성공했다. 후배들의 의견을 경청하며, 후배들을 믿고 일을 맡기며, 내가 추진하는 일이라도 협업을 실천한다. 함께 일하는 것에서 무척 편안함을 맛보고 있다. 남의 실수에 대해서도 너그러워졌다. 일에서 조금 실수가 있어도 그것은 그들이 성장해서 해낼 일들에 비하면 아무것도 아니라고 믿는다.

내가 후배들에게 배우기도 한다. 젊은 그들은 나보다 훨씬 신선하고 놀라운 재능을 지니고 있다. 나는 그것을 얻으려고 겸손하게 나를 낮춘다. 그결과 서로에 대한 신뢰도 더욱 깊어지게 되었다. 신뢰는 겸손이 주는 또 하나의 혜택이다.

Never, Never, Never Give Up 절대 포기하지 말라

코끼리 조련사는 코끼리가 새끼일 때부터 발을 사슬로 묶어놓는다고 한다. 그렇게 자란 코끼리는 어른이 되어서 충분히 사슬을 끊을 힘이 있는 데도 불구하고 그대로 묶인 채 살아간다. 사슬을 끊을 수 없다는 관성이 뿌리내린 탓이다. 사람도 코끼리와 다를 바 없다. 벽이 생기고 어려움이 생기면 도전하기보다 피하고 싶은 것이 사람의 관성이다. 이 관성은 포기를 부른다.

'이것을 포기해야 하나 말아야 하나!'

누구나 이와 같은 결정을 해야 할 순간에 처한다. 이때 절대 포기하지 말아야 한다. 도저히 불가능해보여 포기하더라도 작은 시도라도 해보고 포기하라. 젊은 시절에 포기한 경험이 많을수록 살면서 포기가 쉬워진다.

어느 날, 기획한 교육프로그램을 프레젠테이션하던 중이었다. 처칠의 "Never Never give up!"을 설명하는데, 강규형 대표님이 고개를 갸우뚱하며 한마디 던졌다.

"철자가 이상한 거 아냐?"

자세히 보니 내가 'Naver Naver Give up'이라 작성한 것이었다. 누구나 아는 그 유명한 포털 사이트의 이름 말이다. 발표장은 곧 웃음바다가 되었다. 그 뒤로 강 대표님은 장엄하게 목소를 깔며 "네이버네이버 기브업!" 하며 나를 놀리곤 했다.

처칠은 전쟁의 포화 속에서 사람들에게 용기를 주려고 'Never Never give up!'을 외쳤다. 동시에 리더로서 위기를 극복하기 위해 스스로에게 던진 말이기도 하다. 모든 것이 막혀 있고 도무지 앞으로 나갈 기미가 안 보인다면 스스로에게 'Never Never give up!'을 외쳐보자. 절대 포기하지 말아야 한다. 많은 사람들이 포기하지 않았을 때 새로운 기회들을 발견했다는 사실을 꼭 기억해야 한다.

Never Never Never give up!

Life Surfing

- 문제가 막힐 때 긍정적으로 사고하라.
- 문제가 생기면 가장 적절한 사람을 찾아라.
- 쉽게 포기하지 말고 절대 포기하지 말라.

자신의 약점에 집중한 나머지 자신의 잠재성을 최대로 발휘하지 못하는 청년들이 있다. 자신의 약점이 드러날지도 모른다는 두려움 때문이다. 이를 이겨내는 방법은 자신의 약점을 강점으로 전환시키는 사고이다. 실제로 자신의 약점은 자신을 강하게 만드는 요소로 작용한다. 많은 위대한 사람들은 자신의 약점을 딛고 일어나 성공적인 삶으로 이어나갔다.

아래의 단순한 사고를 통해서 자신의 약점을 이겨낼 수 있다. 대인관계에서 자신의 약점을 드러내어 강점으로 전환해서 말하는 사고는 상대에게 신뢰를 준다.

두려움에 사로잡히지 말자. 약점을 숨기려 애쓰지 말고 당당히 드러내자. 약점을 나를 형성하는 강점으로 만들자.

자신의 약점	강점으로 전환하기
1.	1.
2.	2.
3.	3.
4.	4.

Think

자신의 약점 때문에 자신을 사랑하지 못하는 사람은 자신에 대해 알아가는 것을 두려워한다. 하지만 이렇게 자신의 약점을 드러내어 강점으로 전환하는 사람은 자신을 발견해 나가는 과정에서 자기 확신과 동기를 얻을 수 있다. 숨지 말고 당당해지자. 자신을 사랑하자!

PART 3

라인업 Line Up

먼 곳에서
다가오는 기회를
준비하다

바다를 향해 파도를 뚫고 나가다 보면 파도가 너울지며 출렁이는 구간이 있다. 파도를 타기 위해 기다리는 구간이다. 이곳을 라인업Line Up이라 부른다. 서퍼는 라인업에서 자신만의 파도를 기다리며 혼자만의 시간을 가진다.

"뭐가 보이세요? 저는 아무것도 안 보이는데……."

"계속 집중하고 있으면 파도가 보여요. 그 파도가 나한테 온 순간의 파도 크기도 느낄 수 있고요. 그 순간을 상상하면서 저 멀리 파도의 촉들을 주의 깊게 보는 겁니다."

서퍼들은 먼 곳에서 작게 일어나는 파도를 보며 자신이 탈 파도를 준비한다. 프로 서퍼들은 아주 먼 곳에서 보통 사람은 보지도 못할 파도를 읽어낸다. 그리고 마음의 준비를 하다 파도가 다가오는 정확한 지점에서 파도를 맞이한다. 파도를 기다리는 시간은 꿈을 그리는 시간이다.

기회는 바로 앞에서 나타나기보다는 아주 먼 곳에서 작게 시작된다. 처음엔 안 보이지만 집중해서 보려고 하면 언제, 어떤 식으로 나타날지 예측할 수 있다. 먼 곳의 파도가 다가왔을 때 어떤 크기가 될지 서퍼가 예측하듯이. 우리 인생에서 아주 사소한 일들이 어디서 어떻게 우리에게 기회로 다가올지 아무도 모른다. 오랫동안 준비한 자만이 기회라는 파도를 탈 수 있다.

1
먼 곳의 파도를 바라보며
꿈꾸어라

기대했던 파도를 잡으려면

라인업에서 보드 위에 앉아 파도를 기다리는 서퍼들. 모두가 약속한 듯 바다를 바라보며 침묵의 시간을 가진다. 서퍼는 먼 곳에서 너울지며 오는 파도의 형태를 보고 자신에게 다가왔을 때의 파도를 예측해서 자세를 잡은 채 준비해야 한다. 파도를 예측하지 못하면 파도는 빠르게 서퍼를 지나쳐 버린다. 즉 파도를 타기 위한 주요 요소 중 하나는 파도를 볼 수 있는 눈이다. 초보자들은 바로 앞쪽에서 일어나는 파도만 예측한다. 능숙한 서퍼는 먼 수평선 근처에서 오는 파도도 예측할 수 있다.

나는 몇 년 동안 서핑을 해도 파도를 잘 보지 못했다. 그러던 어느 날, 바다 끝에서 작고 조용히, 하지만 뭔가 다르게 일어나는 파도를 발견했다. 작은 너울이었지만 내가 기다렸던 파도임을 직감할 수 있었다. 먼 곳에서 조금씩 몸집을 키우며 오는 파도는 힘이 좋아 오랫동안 파도를 탈 수 있는데, 지금 내게 다가오는 파도가 그랬다. 나는 파도를 준비했다. 그리고 파도의 속도에 맞춰 몸을 실었다. 파도가 밀어내는 보드 위에 당당히 일어섰다. 그

때의 흥분은 다른 파도를 탔을 때와는 남달랐다. 단순하게 표현하면, 말할 수 없이 기뻤다. 나는 오랫동안 기대하고 준비해왔던 파도를 잡은 것이다.

꿈을 확신하고 자신을 확신하자

꿈 리스트를 적는 시간 교육생들은 대부분 눈을 빛낸다. 그런데 그것을 오랫동안 간직하며 그 꿈이 내 삶에 어떻게 나타나는지 관찰하는 사람은 드물어 보였다. 리스트 속의 꿈이 진짜 이루어진다는 것을 확신하지 못해서일 것이다. 나는 교육기획자로서 그 점이 몹시 안타까웠다. 비록 벽에 낙서하듯이 자신의 꿈 리스트를 적었더라도 그 꿈을 진심과 열정으로 바라보면 기회는 반드시 오게 되어 있다. 다만 그것이 언제, 어떻게, 어떤 모습으로 나타날지 몰라 놓쳐 버릴 위험은 있다. 그런 이유 때문에 더더욱 자신의 꿈에 관심을 기울여야 한다.

대학시절 친구들과 후배들의 멘토 역할을 하면서 꿈을 끈기 있게 발전시켜 나가지 못하는 모습을 많이 보았다. 그들은 원하는 바를 충분히 할 수 있음에도 불구하고 자신의 꿈에 대해 자신 없어 하거나, 큰 꿈을 가지는 것을 스스로가 터무니없다고 여겼다. 꿈을 이루라고 재촉하는 사람도 없고 방해하는 사람도 없건만, 단지 자신의 꿈을 자신이 확신하지 못해 꿈을 발전시키지 못했다.

꿈은 크고 담대하게

어린이에서 어른이 되어갈수록 꿈은 점점 줄어든다. 세계적인 정신의학자 칼 구스타프 융은, 아이는 타고난 잠재력과 경이로움 또는 창조적인 존재가 될 수 있는 모든 요건을 가지고 태어나기 때문에 누구나 '놀라운 아이'

라 했다. 하지만 나이가 들수록 그 놀라운 아이는 점차 환경에 순응하며 작아진다. 상투적인 말이지만, 꿈은 클수록 좋다. 꿈을 크게 잡을수록 생각의 크기도 커진다. 실행은 작게 할지라도 꿈을 크게 품지 말아야 할 이유는 없다. 꿈이 작다면 생각도 작아지고, 행동도 작아진다.

경영기획팀을 이끄는 팀장들은 경영계획을 세울 때 공통적으로 이런 고민을 한다고 한다.

'목표는 크게 잡는 게 좋을까? 아니면 현실적으로 적당히 잡는 것이 좋을까?'

나 역시 이것에 대해 고민을 많이 했었다. 몇 년을 겪어 보고 깨달은 점은 목표는 크게 잡아야 좋다는 것이다. 가령 목표를 기존의 것에 맞춰 작년 기준으로 잡는 순간 작은 변화를 계획하게 된다. 반대로 목표를 크게 잡는 순간 그것을 이루기 위해서 혁신을 계획하게 된다. 혁신을 겁내지 않는 기업이 성공하고 성장할 확률이 높다.

꿈을 크게 잡았다면, 무엇을 어떤 순위로 해야 할지, 역할 모델은 있는지, 꿈이 대박이 났을 때의 광경은 어떨지 등을 기록하면서 정리해보자. 예상보다 많은 것들이 자신의 그릇에 담기는 것을 피부로 느낄 수 있을 것이다. 사고의 폭이 대폭 넓어진 자신을 발견할 수 있을 것이다. 꿈과 비전은 관리할수록 더 구체적으로 진화해 나가고 나에게 맞춰진다. 불필요한 것들은 자연스레 가지치기가 이루어진다. 내가 몸소 체험한 바다.

큰 꿈이 오히려 부담을 주고 자신을 괴롭힐 가능성도 물론 있다. 하지만 그것은 거룩한 부담이며 성스러운 괴롭힘이다. 진주조개의 진주는 처음부터 진주가 아니었다. 몸속에 들어온 모래가 수년을 부대끼다가 진주로 화한 것이다 몸속의 불편함도 기회가 될 수 있다. 이미 언급했듯 관점의 차이다.

마지막으로, 자신의 꿈이 세상에서 정의되지 않은 것일 수도 있을 것이다. 그래서 사람들이 무엇이냐며 비웃을 수도 있을 것이다. 그런 비웃음은 가볍게 넘겨버리자. 세상의 기준에 자신을 맞추려 애쓰지 말자. 그럴 시간이 있다면 자신의 꿈을 기록하며 구체화하는 작업에 더 힘쓰자.

Life Surfing

- 꿈은 크고 담대하게 잡아라.
- 나의 꿈에 지속적으로 주의를 기울이고 노력하라.

2
평생을 위한
라이프 플랜

인내가 필요한 이유

파도를 기다리는 시간은 인내의 시간이다. 인내를 통해 자신을 더욱 단단하게 만들 수 있다. 강한 정신력으로 무장했을 때 자신이 원하는 방향으로 넘어지지 않고 나아갈 수 있는 것이다. 넘어져도 다시 일어날 수 있는 것이다. 어려운 취업 시장에서 성공한 뒤 많은 이들이 자신의 수고와 노력이 무색할 정도로 이직을 고민하고 퇴사를 결심한다. 이상과 현실이 달랐기 때문이다.

그러나 더 인내하기를 조심스럽게 권한다. 무엇이든지, 그 끝이 어떻게 될지는 아무도 모른다. 무언가를 시작했다면 이상과 현실이 우선은 다르게 느껴지더라도 인내해 보자. 인내는 성공을 원하는 사람들이 반드시 통과해야 할 시험이다. 그 시험을 무사히 치르고 싶다면 라이프 플랜을 설계해 보자.

누적식 평생계획

라이프 플랜은 기본적으로 누적식 평생계획으로 설계한다. 예를 들어

'20세에는 ~~ 가 되겠다', '그렇게 하다 보면 30살에는 ~~가 되겠다', 그리고 40세, 50세, 이런 식으로 누적해서 계획을 세워 나간다. 나도 이 방식을 배웠고, 그렇게 누적식으로 세워나갔었다.

그러던 중 2017년 어느 날 평생계획을 재수정하다가 중요한 포인트 두 개를 발견하게 되었다. 평생계획에서 우선적으로 설정해야 할 점은 제1커리어(제1취업기)와 제2커리어(제2취업기)라는 사실이었다. 이때 핵심적인 개념이 있다. 먼저 제1커리어의 목표는 자신의 정체성 즉 강점과 재능으로 전문영역에서 경제적 자본을 창출할 수 있는 역량을 갖추는 것이다. 그다음 제2커리어의 목표는 제1커리어에서 창출한 경제적 자본을 지식화해서 공유하며, 가치를 창출할 수 있는 지적 자본으로 만들어 가는 것이다.

제1커리어의 시간에 사람들은 직장을 선택하고 성공을 향해 달려간다. 이후 제2커리어는 은퇴 후 라이프 플랜으로, 우리의 삶에서 의미를 찾아나가는 과정이다. 《하프 타임》의 저자 밥 버포드는 제2커리어를 시작하는 시기를 하프 타임의 시간이라 정의 내렸다. 우리는 일반적으로 인생의 전반전은 성공에 포인트를 맞춘다. 대부분 '어떻게 하면 성공할까?', '어떻게 하면 돈을 많이 벌까?', '어떻게 하면 승진을 빨리 할까?', '어떻게 하면 경쟁에서 이길 수 있을까?' 따위의 생각에 젖어 살아가는 것이다. 반면 후반전에는 포인트를 성공에서 의미로 바꾸어 삶을 재설정한다. '무엇이 의미 있는 삶인가?', '죽고 난 뒤 난 어떤 사람으로 기억될까?', '어떠한 것이 가치 있는 것인가?', '타인에게 나는 도움이 되는 사람인가?' 등을 고민하게 된다.

후반부 인생부터 계획하라
취업을 준비하며 인생의 후반전을 준비하라는 말이 터무니없는 헛소리로 들릴 수도 있다. 그렇지만 터무니없지 않다. 삶의 의미를 추구하면 그에 따라 취업의 방향이 설정되는 것이 본질이다. 의미를 찾아나가는 과정에서 진정한 자신을 발견할 수 있는 것이다.

예전에 커리어 관련 교육을 개발하기 위해 은퇴자 교육에 참석한 적이 있다. 나 이외의 참석자들은 은퇴 준비를 하는 사람으로, 회사의 이사나 상무, 은행 지점장 같은 부류의 사람들이었다. 그 사람들이 교육받는 모습에 나는 충격을 받았다. 은퇴 후의 삶에 대해 구체적인 준비가 전혀 되어 있지 않았기 때문이다. 보통 기업에서는 시간이 지날수록 일의 성향이 변화한다. 낮은 직급에서는 전문적인 영역에 대한 실무를 하다가 직급이 높아질수록 사람관리와 의사결정의 일들로 집중된다. 그렇기에 정작 본인의 은퇴 시기에는 전문적인 영역에 대한 실무를 거의 준비하지 못하는 실정이다. 나는 고민했다. '내가 저 나이가 되어 저런 상황이라면 무엇을 준비할까?' 이 일을 계기로 라이프 플랜에 대한 개념을 수정해 나갔다.

도표를 보면, 후반전의 인생에서는 자신이 타인에게 어떤 영향력을 미치는가의 여부에 관심이 쏠린다는 것을 알 수 있다. 이 후반전을 먼저 준비한다면 은퇴 이후 만족스러운 삶을 보장받을 가능성이 높아질 것이다. 지금 자신의 명함에서 직책을 지우고 생각해 보자.

'나만이 가지고 있는 차별화된 능력은 무엇인가?'

나는 50세 이후의 삶을 대안학교로 설정했다. 처음 취업을 준비할 때 대안교육 쪽에서 바로 일하고 싶기도 했다. 이때 고민했던 부분이 있다.

'교육이란 시대를 반영하는 것인데, 급격하게 변화하는 사회에서 교육을 충분히 경험한 다음 시대에 필요한 역량과 요소들을 역산해서 대안교육으

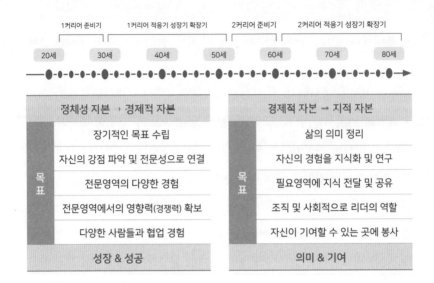

로 접근하는 게 옳지 않을까?'

아무리 생각해도 그게 옳은 듯했다. 그 믿음으로 기업교육 쪽으로 방향을 잡았다. 내 인생의 후반전을 위한 대안교육이 전반전에 대한 방향을 잡아준 것이다. 장기적으로, 멀리 바라보자. 후반부의 인생부터 계획하면 얼마든지 유연하게 현재의 방향을 선택할 수 있다.

배움을 통해 자신의 미래를 스케치하라

행복한 미래를 꿈꾼다면 스스로 설 수 있는 힘을 키워야 한다. 자신의 커리어를 준비하며 학습해야 하는데, 그 방법으로는 경험, 교육, 독서를 꼽을 수 있다.

경험은 직접 일하기, 사람과의 만남을 통해 배우기, 간접경험을 통해 배우기 등이다. 경험이 많을수록 자신의 일에 능숙해지는 것은 당연지사다. 삶도 깊어진다. 무엇이든 경험할 수 있는 기회가 있다면 사양하지 않는 것이 좋다.

교육은 자신의 전문분야에 대해 학습하는 것으로 의미를 좁힐 수 있는데, 연결된 전문지식을 배우는 것도 포함한다. 직장생활을 한다면 다른 분야에 대해서도 폭넓게 관심을 가지는 것이 유리하다. 나는 꼭 필요한 교육은 월급이 마이너스가 되어도 아끼지 않고 투자해서 들었다. 동기부여가 필요할 때 교육은 유용한 방안이다.

독서는 평생 가져가야 할 학습 방법이다. 일에 쫓겨, 또는 여타 이유로 통독과 정독을 못하더라도, 관심 분야에 대한 책을 수집하는 것만으로도 일에 대한 영감이 솟을 때가 있다. 독서는 최상의 간접경험을 제공하기도 한다. 지식은 자신이 배우고 경험한 것에 비례할 수밖에 없다. 책 한 권 읽는 것이 당장은 미미해보일 수 있지만 지속적으로 쌓아 나가는 독서는 엄청난 파급력을 갖는다. 뇌는 자신이 읽은 책을 기억해낸다. 어느 순간 책을 통해 얻은 지식과 지혜가 자유롭게 내 업무와 삶에 적용되는 현상을 경험할 수 있을 것이다.

영어공부, 자격증 취득도 물론 중요하다. 하지만 자신의 비전과 하고자 하는 일에 대한 전문영역들은 빚을 져서라도 배워야 한다. 배움에는 시기가 있다. 젊은 시절 배우는 모습은 아름답고 멋지다. 그래서 보는 이로 하여금 도움 주고 싶은 마음을 자아낸다. 어느 날 누군가 문득 다가와 은인의 역할을 자처할 수도 있다. 그런 순간을 위해서라도 배워야 한다. 인내하면서.

Life Surfing

- 평생계획은 후반부 인생부터 설계한다. 즉 역산해서 계획을 세운다.
- 삶에서 성공보다 의미를 먼저 생각하면 성공으로 갈 길이 보이기 시작한다.
- 평생계획 속에 끊임없이 학습하고, 자신의 전문영역을 확장시켜라.

3
꿈을 꾼다면 타인의 시선에서 벗어나라

서퍼가 좋은 파도를 만나지 못하는 이유

실화를 바탕으로 만든 영화 〈소울서퍼〉의 주인공 베서니는 뛰어난 서퍼였다. 그녀는 서핑 대회에서 유력한 우승 후보로 꼽혔다. 광고 스폰서도 그녀가 우승하는 순간만을 기다리고 있었다. 그런데 베서니는 연습을 하다 상어의 공격으로 한쪽 팔을 잃고 만다. 생명은 구했지만 베서니는 서핑을 포기한다. 주위 시선과 언론의 과도한 관심이 포기를 불러온 이유였다. 그러던 어느 날 베서니는 쓰나미 피해를 입은 태국으로 봉사활동을 떠난다. 그곳에서 봉사활동을 하다가 한 가지 깨달음을 얻는다. 인생에서 중요한 것은 타인의 주목을 받는 것이 아니라 자신과의 싸움에서 이기는 것이라는.

태국에서 돌아온 베서니는 다시 서핑을 시작한다. 자신과의 싸움에서 이기고 싶어서였다. 그러나 베서니는 서핑 실력으로는 예전만큼 주목을 받지 못했다. 그래도 사람들은 그녀를 위대한 서퍼라고 칭송했다. 파도와 같은 역경을 이겨낸 주인공이기에.

서핑을 타면 많은 사람들이 서퍼를 주목하며 구경한다. 실력 있는 서퍼는 멋지게 파도를 타며 자신의 기량을 뽐내지만, 어설픈 서퍼는 다른 서퍼나 구경꾼들을 의식하다 서핑을 망치기 일쑤다. 제대로 연습도 못하는 경우도 있다. 사실 내가 그랬다. 누가 나를 바라보고 있다는 것이 부끄러웠다. 사람들 눈에 내가 얼마나 형편없는 서퍼로 보일까 하는 생각에 자존감이 낮아지곤 했다. 그래서 사람이 없는 곳이나 멀찌감치 떨어진 곳에서 혼자 타곤 했다. 문제는 그런 곳에는 좋은 파도가 없다는 것이다. 타인의 시선을 의식하다 스스로 서핑을 망치는 것이다.

실패가 아름다운 시절이기에 더 적극적으로

인생에서도 마찬가지였다. 남을 의식하다 놓쳐버린 기회들, 소극적으로 행동하다 선택받지 못한 순간들이 셀 수 없이 많았다. 지금 생각하면 울분이 끓어오른다. 시간만 낭비한 것 같아 억울하다. 영국의 극작가 조지 버나드 쇼는 "젊은이에게 젊음을 주기에 너무 아깝다"고 말했다.

젊은 시절은 실수해도 아름다운 시기이므로 더 적극적이기를 권한다. 나는 뒤늦게야 내가 생각하는 것만큼 다른 사람들은 나를 신경 쓰지 않는다는 것을 알게 되었다. 그렇기에 타인의 시선에서 자유로워져도 된다. 멘토링을 하면서 의외로 나와 같은 사람들이 많다는 사실에 놀라기도 했고, 한편 위로도 받았다. 이제 그 친구들에게 나의 경험이 용기를 주는 사례가 되기를 바란다.

이제는 고전이 된 영화 〈죽은 시인의 사회〉는 누구나 한 번쯤 보았을 것이다. 나는 존 키팅 선생님이 학생들을 한 줄로 서서 걷게 하며 이렇게 외치는 장면을 기억한다.

"그 누구도 아닌 자기 걸음을 걸어라. 나는 독특하다는 것을 믿어라. 누구나 몰려가는 줄에 설 필요는 없다. 자신만의 걸음으로 자기 길을 가라. 바보 같은 사람들이 무어라 비웃든 간에."

영화 속 명대사 '카르페디엠'은 요즘엔 많은 사람들이 좌우명처럼 사용한다.

"현재를 즐겨라, 인생을 독특하게 살아라."

청춘이여, 타인의 시선에서 벗어나 자신의 삶을 살기를!

자신에게 주어진 것은 소중하다

한 오래된 집에서 가족들과 화목하게 살고 있는 남자가 있었다. 남자는 오래전 조상으로부터 물려받은 저택을 마음에 들어 했다. 그러던 어느 날 국왕이 자신의 집에 찾아오면 어쩌나 하는 생각이 들었다. 그때부터 모든 것이 초라하게 보이기 시작했다. 조상의 흔적이 남아 정감 있던 집 안 구석구석이 낡게만 느껴졌다. 그날로 공사가 시작되었다. 아내와 자녀들이 말렸지만 남자는 도무지 말을 듣지 않았다. 공사는 계속되었고, 그러면서 삶은 시끄럽고 분주해졌다. 행복은 어디론가 날아가버리고 말았다. 하지만 국왕은 남자가 죽는 그 순간까지도 한 번도 그의 집을 방문하지 않았다.

샤를 와그너의 《단순한 삶》의 내용이다. 이 작품은 현대인들이 얼마나 남을 의식하며 사는지를 보여주는 우화이다. 본인의 꿈은 누구를 위한 꿈인가? 남에게 잘 보이기 위한 꿈, 또는 부모의 꿈은 아닌지……. 꿈을 자신을 위한 것이어야만 한다.

《단순한 삶》을 읽으며 고등시절 나의 모습이 떠올랐다. 우리 학교에 서울에서 온 친구가 있었는데, 방학 때 친구의 서울 집에 놀러갔다. 집에 들어서는 순간 나는 눈이 휘둥그레졌다. 집이 운동장처럼 넓어서였다.

우리 집은 15평 아파트인데, 다섯 식구가 엉겨 살았다. 그랬기에 늘 비좁았다. 얼마 뒤 서울 친구가 우리 집에 놀러 온다고 했을 때 덜컥 걱정이 일었다. 친구가 우리 집에 오면 좁아서 비웃고 나까지 무시할 것만 같았다. 그래서 친구가 부산에 왔을 때 이런저런 핑계를 대며 집으로 데려 가지 않았다. 계속 길바닥을 헤매자 지쳐버린 친구는 어디든 들어가자고 하소연했다. 나는 친구를 오락실로 끌고 가 그곳에서 밤을 새웠다. 서울에서 곱게 자란 친구가 뜻하지 않게 노숙생활(?)을 처음 경험하게 된 것이다. 오락기에 매달려 밤을 지새우다 견디지 못해 근처 여관으로 들어갔다. 친구는 방에 들어가자마자 몸살이 나서 낮에 먹었던 것을 토해내며 밤새 앓았다. 지금은 서로 즐거운 추억으로 여기지만, 당시 친구는 나한테 너무나 서운했던 나머지 몇 달 동안 말도 걸지 않았었다. 나의 쓸데없는 자존심이 하마터면 친구를 잡아먹을 뻔했던 사건이다.

지금 생각하면 얼마나 내가 어리석었는지! 베란다에 나가면 바다가 펼쳐지고, 베란다에서 멋진 해돋이를 감상할 수 있는 우리 집인데……. 서울 친구가 우리 집에 묵으며 그런 풍경을 보았다면 오래도록 간직할 추억을 만들었을 텐데, 그때는 미처 생각도 못했다. 내가 가진 것이 그저 초라하다고만 생각했을 뿐.

왜 자신의 것을 부끄러워할까. 당당하게 자신을 드러내는 것을 어려워할까. 나만 그런 줄 알았는데, 많은 청년들이 그렇게 살아간다. 멘토링을 하다

보면 정말 보석 같고 장점 많은 청년들을 많이 만난다. 그런데 정작 본인은 자신이 특별하다는 믿음이 부족하니 참 안쓰럽다. 칭찬이나 격려의 부족, 그래서 치유받지 못한 상처가 우리 청년들에게 그런 성향을 심어준 건 아닌지 모르겠다. 부디 자신을 믿기 바란다. 자신의 재능을 확신하고 자신의 기준을 세우자. 결국 자신의 가치는 스스로 증명해야 한다.

타인의 시선에서 벗어나 자신을 믿고 도전해야 한다.

"주영 씨는 참 성실한 것 같아요."

사람들은 내게 이 말 외에 다른 장점은 칭찬해주지 않았다. 때문에 내 자신이 마냥 평범하고 초라해 보였다. 그 후 나는 서핑 보드에 누워 바다를 품은 하늘을 바라보며 '내가 정말 잘하는 건 뭘까? 난 뭘 해야 하지?' 스스로 질문하곤 했다. 그 결과 이런 답을 얻었다. '일은 사람들에게 보이기 위해서가 아니라 자신을 위해서, 남에게든 나에게든 정직하게'.

일을 할 때 누군가를 의식하면 지독히 힘든 노동이 된다. 또한 치열하게 남과 경쟁하려는 자세도 피곤을 불러온다. 남들을 완전히 무시하는 태도도 바람직하지만은 않지만, 시선과 의식에 붙잡히는 것은 곤란하다. 다른 사람의 칭찬과 인정에 목매지 말고 스스로 만족할 수 있는 수준에 이를 수 있도록 노력하는 것이 현명하다.

다른 사람의 칭찬과 인정은 사실 달콤하다. 중독성마저 있어서 인정받을수록 더 인정받고 싶어진다. 물론 이 중독성이 긍정적 영향을 끼칠 수도 있지만 자칫 잘못하면 일에 대한 본래 목적은 물론 자기 자신까지 잃어버릴 수 있다. 칭찬과 인정이라는 허상에만 매달릴 때 그런 현상이 일어난다. 더욱 심각한 문제는 누군가의 칭찬과 인정이 기대되지 않는 일은 아예 시도조차 안 하려는 마음이 자리잡는 것이다. 그런 마음에는 도전 정신이 깃들 자리가 없다. 나의 길을 가려는 용기마저 들어오지 못한다. 이런 상태에서 칭찬과 인정이 뚝 끊기면 금세 주눅 들며 우울함에 빠지고 만다.

　자신이 잘하는 일, 좋아하는 일, 설레게 하는 일이 무엇인지 마음 깊은 곳에서 올라오는 울림에 집중하자. 그 집중이 저 멀리서부터 나를 향해 다가오는 기회의 파도를 보게 만든다. 자신에게 필요한 것은 이미 내면에 들어 있다. 스스로 그것을 알아보고 꺼낼 수 있을 거라 믿어야 한다. 자신을 믿는 과정에서 가장 큰 걸림돌은 자기 자신이다.

Life Surfing

- 젊음은 실패해도 아름답다. 실패를 두려워하지 마라.
- 남을 의식하지 말고 자신의 꿈에 당당해져라.
- 자신의 꿈을 확신하는 데 가장 큰 걸림돌은 자기 자신이다.

인생의 목표가 삶에
미치는 영향력

대리만족으로 만족할 것인가

서핑을 타다 보면 많은 사람들이 구경하며 대리만족을 한다. 마치 자신이 타는 것처럼 희열을 느끼는 이도 있다. 그렇지만 정작 자신은 도전하지 않는다. 여러 가지 나름의 사정이 있겠지만, 파도를 멋지게 타기까지의 과정이 몹시 힘들다고 느끼기 때문은 아닌지. 물론 그 과정이 만만치 않은 것은 사실이다.

성공한 사람을 바라볼 때 결과의 시간만을 보는 경우가 많다. 재능, 실력, 인격, 좋은 습관……. 그 사람은 이러한 성공 요소들을 마치 태어날 때부터 가지고 있었던 것처럼 여기고, 이들을 바탕으로 성공했을 것이라 생각한다. 하지만 깊이 들어가 보면 성공한 사람들 역시 우리처럼 평범한 사람들이다. 평범함 속에서 시작했다. 다른 점이 있다면 낯선 세상에서 목표를 향해 끊임없이 도전하며 목표에 맞게 자신을 만들어 나갔다는 사실이다. 그렇기에 그 누구도 피해갈 수 없는 슬럼프, 역경, 유혹 등을 이겨내고 성공의 자리에 우뚝 선 것이다.

자신만의 깃발을 꽂는 일이 우선이다

직장생활을 할 때 몹시 지친 적이 있었다. 그때는 마치 투명인간과 권투 시합을 하는 기분이었다. 상대는 한 대 때리고 도망가고, 나는 멍하니 있다 가 또 속수무책으로 얻어맞고. 화가 나서 주먹을 휘둘러보지만 내 주먹은 허공만 갈랐다. 그 시절 나는 무엇이 문제인지, 무엇이 잘못되었는지 알지 못했다. 곰곰 생각해 보니 나는 바쁘게 일할 줄만 알았지 목표를 잊고 있었 다. 그게 문제고 잘못이었다.

마음을 가라앉히고 바인더를 뒤졌다. 꾹꾹 적어넣은 나의 목표들을 되 새겨보았다. 혼동의 바다 속에서 가야 할 길이 조금씩 드러나는 것만 같았 다. 마침내 나는 어려움을 극복하고 나를 회복시킬 수 있었다. 나는 목표를 점검하고 잘못이 발견된 부분은 더 단단히 수정해나갔다. 그 과정에서 내 면 또한 한층 단단해졌다.

이러한 시간을 거쳤기에 처음에 적었던 목표와 마지막의 그것은 판이 하게 다르다. 목표의 처음 '원본'을 지금 보면 형편없고 부실하기 짝이 없 다. 하지만 그 보잘것없는 시작이 없었다면 지금의 단단한 목표도 태어나 지 못했을 것이다. 깃발은 튼튼하지 않아도 괜찮다. 멋들어지지 않아도 괜 찮다. 초라해 보이더라도 우선은 꽂는 게 중요하다. 단지 목표를 세우는 것 만으로도 인생의 방향을 잡을 수 있는 단서를 갖게 된다. 일단 시작하는 것 이 가장 중요하다.

분명한 목표는 지속할 수 있는 의지를 만든다

목표는 시간이 지날수록 육체가 성장을 하듯 내면에서 성장한다. 목표 를 따라 살다 보면 자신의 정체성도 함께 찾을 수 있다. 목표를 이루기 위해 어떤 사람이 되어야 하는지, 또 무엇을 하고 무엇을 하지 말아야 하는지 스스로 깨닫게 되기 때문이다. 목표에 따라 자신의 내면 DNA도 변한다.

내 또래의 친구들은 여행을 다니며 즐기는 모습들을 SNS에 종종 올린다. 그 사진들을 보면 내가 너무 팍팍하게 사는 것은 아닌가 생각이 들 때도 있다. 가끔은 스스로가 측은하게 여겨지기도 했다.

월요일에서 금요일까지 빡빡한 일정을 보내고 토요일 새벽에 독서모임에 나가던 시절. 빠짐없이 개근하는 일이 쉬운 것은 아니었다. 그런데 나를 자극 시키는 사건이 있었다. 회사 사옥이 문정동으로 이전했던 때였다. 그곳은 산업단지여서 주변이 기업 아니면 기업을 짓는 공사장이었다. 사옥 이전 후 처음 맞는 토요일, 나는 새벽 6시에 지하철을 타고 문정동으로 향했다. 마치 평일의 출근 시간처럼 사람이 많았다. 수많은 인파속에 계단을 올라가는데 신기하기만 했다. 혹시 이 사람들이 모두 독서모임에 가는 건가 하는 생각도 들었다. 하지만 어느 갈림길에서 그 많던 사람들이 공사장으로 향하고, 거리에는 나만 남게 되었다. 혼자만 남겨져 독서모임 〈나비〉로 향하는데 비장함과 동시에 감사함이 들었다. 어쩐지 특혜를 받는 기분이 들었다고나 할까. 새벽 독서모임을 지속할 수 있는 힘이 불끈 솟아났다.

토요일 새벽에 독서모임을 찾는 내가 먼 미래의 나라고 생각하면 그 새벽 독서모임이 그렇게 귀할 수가 없었다. 그 시간에는 천호동 술집거리를 거쳐서 나오는데, 새벽까지 술을 마시는 사람들이 꽤 있다. 삶의 방향이 없다면 우리의 인생도 취객처럼 흘러갈 것이다. 그 흘러가는 곳이 자신이 원하는 곳이기 보다는 기대하지 못했던 곳일 가능성이 높다. 인생을 제멋대로 흘러가게 둘 수는 없다. 분명한 목표를 세워 그곳으로 힘을 내서 헤엄쳐 나가야 한다. 목적은 우리에게 삶의 방향을 제시해준다.

목표는 삶의 틀을 변화시킨다

목표는 목표를 세운 사람에게 삶의 틀을 바꾸라고 끊임없이 요구한다. "지금의 틀로는 네가 이루고자 하는 꿈을 담을 수 없어. 한계를 인정하고 변화를 시도해. 성장을 위해 학습에 더 열정을 쏟아."

이 요구를 인지하면 성장통이 발병한다. 그때 스스로를 점검하며 목표를 다시 한 번 주시해야 한다.

역설적으로 들릴 수 있지만, 철저히 논리적일 때보다 감각적으로 갈 때 목표가 더 정확하고 구체적으로 세워지기도 한다. 요리사가 요리책의 레시피를 그대로 따를 때보다 자신의 감각에 따를 때 더 맛있는 음식이 나오는 경우와 비슷하다. 어느 날 갑자기 마음속에 딱 떠오르는 것, 그것은 그토록 간절했기에 마음속에 깊이 심겨 있었을지도 모른다. 그것을 목표로 삼고 이를 이루기 위해 어떻게 살아야 하는지 진지하게 생각해 보자. 자연스럽게 삶의 틀이 변화할 것이다.

Life Surfing

- 목표를 세우고 시작하는 것이 가장 중요하다.
- 분명한 목표는 지속할 수 있는 의지를 만들고 삶의 방향을 제시한다.
- 목표에 집중할수록 그 목표에 맞는 내면의 모습과 삶의 환경이 만들어진다.

5
자신을 준비하는
조용한 혁명의 시간

스스로 인정할 수 있는 삶

요즘 젊은 세대는 SNS에 자신의 삶을 올리고 평가받는다. 한때 나도 그런 시기가 있었다. 여행 장면, 책의 글귀, 교육 내용 등을 SNS에 올렸는데, 많은 이들이 반응해 주고 응원해 주자 동기부여가 생기기도 했다. 하지만 곧 SNS 속 삶이 진짜 내 삶과는 괴리가 있다는 생각이 밀려왔다. 남에게 잘 보이기 위해 나를 포장하고 있다는 생각도 들었다. 친구 중에도 페이스북에 항상 화려한 모습을 올리는 친구가 있었다. 그것만 보면 남들이 부러워할 만한 삶을 살고 있는 듯 보였다. 그런데 정작 그 친구를 만나니 그런 삶과는 다른 삶을 살고 있다고 느껴졌다.

자신의 삶을 포장하는 시간이 길어지면 실제의 삶과 차이가 있음을 마주하게 될 것이다. 스스로가 인정할 수 있고 또 만족할 수 있는 삶을 살아야 한다. 스스로 인정하지 못한다면 누군가에게 아무리 인정을 받는다 하더라도 내면적으로 궁핍한 삶을 살 수밖에 없다.

남에게 보이려고 연극하는 삶

직장생활 3년차. 나는 열정적으로 일하는 젊은 직원으로 인정받았다. 젊은 친구가 실력도 있고 성실하다며 칭찬도 많이 들었다. 독서모임에서는 일적인 부분 외에도 많은 대학생들의 멘토로 상담을 진행했다. 많은 사람들이 나에게 찾아와 도움을 구했다. 그럴 때마다 내가 할 수 있는 한 최선을 다했다. 그런데 시간이 지나며 점점 지쳐가기 시작했다. 많은 상담자를 상대한 뒤 혼자 남은 시간이 외로웠다. 나의 여가 시간은 멘티들, 그리고 도움을 요청하는 사람들로 빽빽이 채워졌다.

문득 나의 인생이 아닌 남의 인생을 산다고 느껴졌다. 사람들이 대단하다 칭찬하는 장주영은 내가 아닌 것 같았다. 이런 생활과 고민이 지속되니 급기야 도무지 일을 할 수 없게 되었다. 만성피로와 스트레스로 매일같이 잠도 설쳤다. 그렇게 지쳐가는 가운데 반성의 기미가 떠올랐다.

'그동안 나를 돌보지 않고 남에게 보이기 위해 살았구나!'

그렇게 사는 것이 내 꿈을 이루어가는 것이라 믿었기 때문이었다. 이 그릇된 믿음을 깨달은 후 나는 나의 실체를 보기 위해 몸부림쳤다.

배우는 연극을 마친 뒤 텅 빈 무대에서 자신의 모습과 마주하게 된다. 연기하는 '나', 환호받고 박수받는 '나'가 아닌 그저 배우로서의 '나'를 스스로 평가하는 시간이다. 그 평가받는 '나'가 진짜 '나'이다. 자신의 삶에 대해서 스스로 평가할 수 있을 때 삶의 난제는 풀리고 삶의 동기가 샘솟는다.

조용히 자신만의 공간에서 자신과 대화하라

자신의 인생에 스스로 질문하고 답을 찾아나가는 과정이 필요하다. 그 과정에서 답이 바로 나오지 않을 때도 있다. 그때는 답을 찾아내겠다는 의지를 단단히 다져야 한다. 언젠가는 삶의 경험 속에서 천천히 답이 드러나기 마련이다. 많은 성공한 이들은 경험 속에서 자신의 정체성을 발견하고, 이후 자신을 혁명한다. 혁명이란 기존의 것을 뒤집는 것이다. 기존의 '나'를 뒤집고 새로운 '나'로 시작하는 것은 아름나운 혁명이다. 혁명이 성공하는 길은 꽤 단순하다. 끊임없이 질문하고, 답을 갈망하고, 답을 얻기 위해 시도하는 것이다.

때론 외부와 단절하고 온전히 나만의 시간을 갖는 일도 필요하다. 그 시간은 스스로와 대화하며 내면에 잠자고 있는 거인을 깨우는 시간이다. 누구나 내면에 거인이 잠자고 있다. 평범했던 인생도 이 거인을 깨우는 순간 비범해진다. 그 거인을 깨우는 것은 스스로의 공명이다. 간절히 바라고 도전하면 공명은 크게 울린다. 거인이 힘차게 일어선다.

나의 직장생활 3년차 시절로 되돌아간다. 내면과 육체가 만신창이가 되었던 그 시절. 뭔가 전환점이 필요해진 나는 조용히 나를 돌아볼 수 있는 공간을 찾았다. 그러다 태안반도 산속의 부석사로 들어갔다. 이곳에서 한 달 반을 지내며 스스로를 돌아보고 공부도 많이 했다. 그러면서 많은 생각들을 정리했지만 확실한 답을 얻지는 못했다. 못내 찝찝했던 나는 내쳐 인도로 떠났다. 3개월 정도 쉴 수 있는 여유가 있었기에 인도에서 남은 한 달 반을 지내기로 마음먹은 것이다.

인도에서, 한국과는 다른 문화권에서 좀 더 깊은 생각을 할 수 있었다. 인도의 기차에서 먼 광야를 보며 어떻게 살아야 할지 끊임없이 고민하고, 매일 일기를 쓰며 나를 정리해나갔다. 그런데 한국으로 돌아가야 할 시간이 다가오자 두려움이 몰려왔다. 아직 확답을 찾지 못했기 때문이었다. 준비되지 않은 군인이 전쟁터에 떠밀려 나가는 기분이었다.

비행기가 한국 상공에 들어오자 폭설이 내렸다. 구름은 거칠고, 비행기는 기류와 대기 환경에 영향을 받아 몹시 흔들렸다. 창밖으로 눈보라가 치는 것이 보였다. 마치 다른 차원의 시간 여행을 하는 것만 같았다. 간절한 기도가 절로 흘러나왔다.

"예전처럼 살기 싫습니다. 새롭게 모든 것이 변화되어 있기를 원합니다. 제발 이전의 삶으로 돌아가지 않게 도와주세요."

잠깐의 기도에 어떤 울림이 느껴졌다. 그 순간 나는 기도대로 살겠다는, 장주영의 혁명을 결심했다. 다시 도전해 보겠다고, 그리고 스스로가 인정할 수 있는 삶을 살겠다고.

자신만의 조용한 혁명을 일으켜라

과거 자신의 모습에 속박되어 미래를 개척할 수 없다는 한계에 부딪힐 때가 있다. 이때가 혁명을 시작할 때다. 새로운 사고와 새로운 행동이 요구된다. 혁명은 그리 어렵지 않다. 먼저 버려야 할 것들과 남겨야 할 것들을 구분해서 정리하자. 가슴속에 울려오는 갈망이 무엇인지 발견할 수 있다. 이와 같이 생각을 정리하는 것이 혁명의 시작이다. 생각이 정리되면 자연스레 행동으로 실행된다. 생각이 정리가 안 되면 행동은 힘을 잃는다. 속도 또한 늦어진다.

혁명이 일어나는 시기는 두 말할 것 없이 자신이 변화하며 성장할 수 있는 기회이다. 그 혁명을 이룩해야 한다. 남에게 보이기 위한 시끌벅적한 혁명이 아니라 내면의 울림을 조용히 거대한 파장으로 만들어내는 자신만의 혁명이다. 누군가를 의식하지 않는 자가 혁명 속에서 미래의 틀을 갖춰나갈 수 있다. 한계에 무릎 꿇지 않겠다고 스스로와 약속하자. 그리고 용기를

내어 혁명을 일으키자. 혁명을 성공할 거라는 믿음을 잃지 않는 한 언젠가
달콤한 열매를 맺을 것이다.

Life Surfing

• 조용한 공간에서 자신만의 시간을 가지고 자신을 만나라.
• 혁명에 성공한다는 믿음으로 자신만의 혁명을 시작하라.

꿈 리스트는 미래에 대한 그림이다. 중요한 것은 '행복한 상상'이어야 하며 '자유로워'야 한다. 그 무엇에 제한 없이 마음속의 울림을 모두 쏟아내자. 현재의 자신이 아니라 미래의 자신을 그리는 작업이기 때문이다. 꿈 리스트는 다음과 같이 구성한다.

하고 싶은 것 / 가지고 싶은 것 / 가고 싶은 곳 / 되고 싶은 모습 / 나눠주고 싶은 것

하고 싶은 것

가지고 싶은 것

가고 싶은 곳

되고 싶은 모습

나눠주고 싶은 것

 Think

꿈이 이루어지는 것은 하늘의 뜻이다. 하늘에 맡기고 우리는 실행만 하자. 시간이 지나면서 꿈은 추가되기도, 변경되기도 한다. 이러한 과정을 통해 꿈들이 자신에게 최적화 되어가는 것을 경험할 것이다. 또한 자신의 기록한 것들을 의식할수록 이루어져가는 것을 목격할 것이다.

PART 4

테이크업 Take Up

거친 파도 위에
일어서다

"레디…….기다려! 조금 더!"

"지금이야! 테이크 업, 업, 업!"

서핑을 배울 때 강사가 목이 터져라 외치는 소리다. 타이밍을 잡으라는, 아무리 강조해도 지나치지 않은 외침이다. 파도가 올 때 파도를 잡아 일어서는 게 서핑의 기본이다. 조금이라도 타이밍을 놓치면 제아무리 훌륭한 서퍼라도 파도를 탈 수 없다.

파도에 흔들리는 보드 위에 서려는 순간 두려움에 주춤할 때도 있다. 그런 상태에서 일어나면 어김없이 파도에 휩싸인다. 내가 수없이 겪은 일이다. 파도를 잡아 일어서는 감각은 오랜 훈련의 과정을 통해 만들어진다. 우리의 삶도 마찬가지다. 인내하면서, 스스로를 단련하면서 기회의 파도를 기다리면 그것을 잡는 감각이 몸에 붙는다. 스스로 꿈을 성취해나가는 기술을 터득할 수 있다.

1
꿈을 가진 이들에게
필요한 '자기 확신'

우리에겐 스스로 할 수 있는 힘이 있다

강사의 도움을 받으면 쉽게 파도를 탈 수 있다. 그러나 그런 시간이 길어질수록 독립은 늦어진다. 다른 사람에게 의존하는 것에서 벗어나 스스로 일어설 수 있어야 한다. 발리에 서핑을 타러 갔을 때 파도가 한국과 달리 무척 높았다. 파도가 올 때마다 두려움이 느껴질 정도였다. 다행히 강사가 뒤에 버티고 있어 안심이 되었다. 나는 강사에게 코칭을 받으며 서핑을 탔다. 육지에서는 모니터링을 위해 서핑 장면을 영상으로 찍고 있었다. 나중에 영상을 본 나는 깜짝 놀랐다. 줄곧 강사가 잡아주고 밀어줘서 높은 파도를 탔다고 믿어왔는데, 나의 코치는 내가 파도를 타는 동안 내 몸에 살짝 손만 대고 있었다. 내가 혼자서 파도를 잡고 일어난 것이었다.

우리는 왜 스스로 설 수 있는데 타인에게 의존하는 것일까? 왜 스스로를 확신하지 못할까? 확신을 갖자. 우리는 스스로 일어날 수 있다. 그런 힘을 키우면 된다.

낯선 곳에서 적응하는 법

경진건 대표님과 함께 홍콩비즈니스 트립을 갔을 때의 일이다. 경 대표님은 홍콩에 도착하는 순간부터 서로 모르는 사람이 되자고 했다. 스스로 호텔까지 찾아와야 하고 여행 중에도 혼자 다닐 것을 권장했다. 누구나 처음 가는 곳에서는 외지라는 두려움에 하나하나 긴장감으로 모든 것을 대한다. 그리고 수많은 정보를 받아들인 뒤 조합시키면서 적응해나간다. 경 대표님은 이때 가장 많이 배울 수 있고, 외국인의 사고로 그 나라를 볼 수 있다고 말했다. 이와 반대로 가이드가 붙는 순간 정보는 모두 잊어버리고 버스에 타기만 하면 잠을 자버린다.

인도에 혼자 여행을 갔을 때도 기억이 난다. 인도의 기차는 도난 위험이 높기로 유명했다. 10시간을 넘게 타고 가면서 잠을 자야 하는데, 잠든 사이에 도난을 당할까봐 가방을 자물쇠로 잠근 채 머리맡에 꼭 베고 잠을 잤다. 어떤 기차에서는 그 기차 칸에 한국인은 나 혼자였다. 가는 내내 맞은편에 앉은 인도 사람 몇 명이 무표정하게 나를 쳐다보았다. 밤이 되자 시커먼 얼굴들은 안 보이고 하얀 안구들만 희미하게 보였다. 그 눈들이 나를 쳐다보니, 차마 긴장감에 잠을 잘 수 없었다. 한참이 더 지나서야 나를 쳐다보는 인도 사람들의 시선에 의심스러운 눈빛이 담기지 않았다는 것을 깨달았다. 그들은 다른 문화권의 외국인을 그저 쳐다보았던 것뿐이었다. 나는 그들에게 영어로 조심스럽게 인사말을 건넸다. 그러자 무표정한 표정들이 해맑은 웃음으로 변했다. 이후엔 즐겁게 이야기를 나누며 기차 여행을 만끽했다. 또한 이를 계기로 인도의 기차에 완전히 적응했다.

독립이란 자신만의 삶의 양식 만들기

나는 고등시절부터 일찍 독립을 했다. 대학시절에는 재정적으로 독립을 해서 학자금을 받거나 아르바이트를 해서 학업을 지속했다. 군대, 직장생활 모두 혼자 힘으로 서야 했다. 독립적으로 자유롭게 살아왔지만 그 삶이 즐거웠던 것만은 아니었다. 혼자서 모든 것을 해야 하는 현실이 때로 절망을 불러오기도 했다. 누군가 내 곁을 지켜주는 사람이 있기를 바라기도 했다. 그래서 따뜻한 사람, 멋진 사람을 만나면 친해져서 의지해 보려고도 했었다. 하지만 그럴 때마다 혼자서 절망할 때보다 더 큰 실망에 빠지곤 했다. 나를 잘 알지 못하는 사람에게 의지했다가 잔소리에 더 주눅이 들거나 정체성을 잃어버리는 때가 많았다. 결국 스스로의 의지로 살아가기 위해 노력하는 것이 정답이라는 것을 깨달았다. 물론 다른 사람의 조언과 지혜는 필요하지만, 그것은 어디까지나 참고용일 뿐 의지용은 아니다.

누군가의 삶의 양식에 의지하기보다 자신의 삶의 양식을 만들어나가는 것이 삶을 더 풍성하게 해준다. 이러한 삶을 살면 다른 사람에게 영감을 줄 수 있는 나만의 차별적인 요소를 갖출 수도 있다.

나의 인생을 타인에게 맡긴다면

독립을 하며 무엇보다 중요한 것은 스스로 살아가려는 의지이다. 분명 혼자서 살아가기는 힘든 세상이기에 더욱 그렇다.

나는 직장생활을 시작하는 후배에게 자신의 실력으로 승진하려 애쓰라는 말을 꼭 전한다. 인맥을 통해 승진하고자 하는 마음은 아예 먹지 않는게 좋다. 직장에서는 실력으로 자신을 증명해야만 하는 순간이 반드시 온다. 그때 인맥을 통해 기반을 닦은 사람은 무능이 드러난다. 부지런히 실력을 쌓고, 맡은 역할을 다할 수 있는 역량을 갖추고, 또한 정직하고 성숙하다면 승진은 자연스럽게 따라온다. 내 자신 직장생활을 할 때 이러한 태도를 유지했다. 그 결과 직장을 옮겼어도 이전 동료들에게 일자리 추천을 받곤 했다.

기어다니던 아기가 어느 순간 벌떡 일어나 걷기 시작할 때 모두가 축복의 환호를 보낸다. 아기가 스스로 만들어낸 기적에 환호하는 것이다. 우리는 누구나 기적을 만들어낼 수 있다. 이것을 믿고 스스로 일어서기 위해 노력해야 한다.

Life Surfing

- 스스로 할 수 있다고 확신을 가져라.
- 부지런히 스스로를 갈고 닦아라. 언젠가 혼자 힘으로 해야만 하는 순간이 오기 때문이다.

2
시간 추격자와
목표 실행자

서퍼의 목표 달성법

다가오는 파도를 잡으려고 헤엄칠 때 파도가 내 보드 밑을 지나간다는 느낌이 들 때가 있다. 이때 두 손으로 짚고 빠르게 파도를 잡아 일어서야 한다. 이 짧은 동작이 파도를 타느냐 마느냐를 결정하는 중요한 포인트이다. 서퍼는 파도가 보드에 걸리는 느낌을 낚아채는 감각을 스스로 터득해야 한다. 이를 가장 효과적으로 배울 수 있는 방법은 수없이 서핑을 타면서 다양한 파도를 경험하는 것이다. 즉, 서퍼의 목표 달성법이다.

목표 달성을 위한 방법론은 여러 가지다. 자신의 상황에 맞게 적절한 방법을 활용할 수 있어야 한다. 이제 보편적인 목표 달성법을 몇 가지 소개하고자 한다. 이 방법들로 인해 미래의 영역에서, 일과 삶의 영역에서 목표를 효과적으로 달성할 수 있으리라 확신한다.

시간을 추격하라

효과적으로 시간을 활용하는 것은 목표를 달성할 수 있는 방법 중 하나이다. 어떠한 목표를 세울 때 시간이 얼마나 걸릴지에 대한 감각을 키워야 한다. 실제로 금방, 또는 오래 걸릴 것 같은 일들도 현장에 들어가면 달라지는 경우가 많다. 시간 예측은 생각과 행동의 격차를 줄여나가는 방법이다. 능숙해질수록 목표는 더욱 정교해진다.

시간이란 누구에게나 한정된 자원이다. 이를 효과적으로 쓰면 자신의 부가가치와 생산성의 향상을 높일 수 있다. 또한 시간은 의식하지 않으면 빠르게 소비되지만, 의식하는 순간 부가가치를 창출할 수 있는 속성도 가지고 있다. 시간 개념은 목표관리에서 매우 중요한 전략이다. 목표 달성에 필요한 시간을 추격하는 것은 협업에서도 중요하다. 시간 추격으로 자신의 목표관리에 소요되는 전체 시간이 설정되면, 상대적으로 더 중요한 일들에 대한 덩어리 시간을 추출할 수 있다. 그 작업이 마무리되면 목표에 대한 굵직하고 필수적인 항목들을 용이하게 달성해 나갈 수 있다.

목표를 구체화시켜라

목표를 잘 이루는 사람들의 특징 중 하나가 구체적이라는 것이다. 목표를 구체화시키려면 생각을 가지런히 정리하는 것이 필요하다. 목표를 어떻게 설계할 것인지, 목표가 선뜻 이루어지지 않을 때 대안은 무엇인지 등을 염두에 두면 좋다.

목표가 처음부터 완벽하게 만들어지지 않는 경우도 종종 있다. 또한 처음부터 끝까지 고정되지 않고 변하는 경우도 많다. 목표는 생동감이 있어 변하기 마련이다. 따라서 상황에 따라 자신에게 맞게 구체적인 계획을 세워 대처하는 것이 현명하다. 그러는 사이 목표 계획 능력이 향상될 것이며, 한층 업그레이드된 능력으로 더 나은 목표들을 세울 수 있을 것이다. 당연히 목표 달성도 더 잘해내게 된다.

목표를 이루어나갈 때 중간 중간 피드백이 필요하다. 목표를 세웠다면 잘 보이는 곳에 두고 틈나는 대로 봐야 한다. 자주 보지 않고, 목표를 보며 어떠한 동기부여를 받지 못한다면 그것은 수정되어야 할 필요가 있다. 피드백을 부지런히 할수록 목표는 자신의 인생에 녹아들어간다.

목표는 자주 생각하고, 자주 말할수록 좋다. 그러면 신비롭게도 주변 상황과 환경이 목표를 이루어나갈 수 있도록 점점 바뀌어갈 것이다. 일종의 피그말리온 효과로 볼 수도 있다. 모든 것은 마음먹기에 달렸다는 상투적인 격언과도 통하는 바가 있다.

나 역시 목표가 있다. 그 목표를 묵상하고 지난 시간을 돌아보며 피드백한다. 그러는 과정에서 수정이 일어나고, 나의 인생에 맞춰 점점 더 구체적으로 그려지게 된다. 처음 목표를 세울 때의 설렘도 새롭게 일어난다. 이것이 자신의 목표를, 꿈을 구체적으로 만들어 나가는 방법이다.

수정으로 목표를 버전 업하라

목표를 설정하고 나면 정기적으로 수정해서 목표의 수준을 높여가는 작업이 필요하다. 가령 여행 중에는 본인의 예상에 빗나가는 일이 생길 경우 계획을 수정한다. 우리 인생도 목표에 맞게 살다보면 생각했던 바와 다른 일이 생기는 것을 경험한다. 이때 목표를 포기하지 말고 목표를 수정해서 버전 업을 하자. 만약 목표의 기준이 낮았다면 기준을 높이는 것도 무방하다. 수정 목표를 기록하며 손 떨 필요는 없다. 아무도 안 잡아 간다. 오히려 '내가 어떻게 이런 생각을 해냈지? 나는 이 이상의 것을 할 수 있는 특별한 사람은 아닐까?' 이렇게 스스로에게 감탄하는 자세도 필요하다.

목표를 수정해 가며 우리의 인생의 가치는 지속적으로 좋아질 수 있다. 삶에서 속도도 중요하지만 방향이 더 중요하다. 키를 잡은 선장이 빨리만 간다고 목적지에 도착하지 않는 것처럼 때로는 시계보다 나침반이 요긴할 때가 있다.

Life Surfing

- 목표를 잡을 때는 시간을 염두에 두자.
- 목표를 자주 생각하고 말하면 현실적인 행동으로 이어진다.
- 목표를 지속적으로 버전 업시켜 나가라.

3

목표를 달성하는 원리,
'쪼개기'

큰일을 하고 싶다면

고든 맥도날드의 《영적성장의 길에서》에는 간디에 관한 재미난 일화가 등장한다. 영국의 명문대학을 갓 졸업한 청년이 간디가 이끄는 공동체에 와서 살게 되었다. 공동체에서 그의 보직은 변소 청소였다. 며칠 안 있어 청년은 간디에게 항의했다.

"제가 누군지 안 보이세요? 저는 큰일을 할 수 있다고요."

간디가 대답했다.

"자네가 큰일을 할 수 있다는 건 아네. 내가 모르는 건 자네가 작은 일도 잘할 수 있는가 하는 걸세."

모든 위대한 일은 단숨에 이루어지지 않는다. 작은 성과들의 지속적인 반복을 통해 맺어지는 것이다. 목표를 달성하고 싶다면 어떤 과정이 필요한지를 구성하고, 작은 목표로 쪼개어 계획한 뒤 하나씩 달성해나가 보자. 고래 한 마리를 한꺼번에 먹을 수는 없지만 잘게 쪼개면 먹을 수 있듯이 목표도 마찬가지이다. 하나의 큰 목표는 장기적이며, 그래서 달성이 어렵게 느껴진다. 그러나 그것을 이루기 위한 작은 목표는 단기적이다. 작은 목표는 얼마든지 도전해 볼만 하며 또 실행 가능하다.

작은 성과를 달성하라

목표는 크게 세우고, 다음엔 반드시 세부적으로 쪼개야 한다. 쪼갤 수 있을 때까지 쪼개다 보면 목표 성취를 위한 구체적인 방향을 그리기가 쉽다. 목표를 어디까지 쪼개야 하는지에 대한 기준이 없다. 구체적으로 실행할 수 있을 만큼 쪼개는 것이 핵심이다. 목표를 세우고 이를 잘 실천하는 사람들이 공통적으로 가지고 있는 역량은 바로 실행하는 역량이다. 이 역량을 다시 정의한다면 '고통을 나누어 견딜 수 있게 만드는 힘'이기도 하다. 조그만 고통을 차근차근 넘어서다 보면 어느덧 큰 고통이 해소되는 것을 목격한다.

사명과 비전은 큰 목표이다. 그런데 그것을 장기계획, 단기계획, 또는 연간계획, 월간계획, 주간계획, 일일계획 등으로 끌고 들어오면, 자신이 지금 무엇을 해야 할지 쉽게 도출해낼 수 있다. 이것이 라이프 플랜의 뼈대이자 핵심 개념이다. 이 작업이 완료되면 삶의 주도권을 쥘 수 있고 흔들리는 순간에도 중심을 잡을 수 있다. 쪼개는 작업이 어려워 보일 수도 있다. 그러나 막상 손을 대면 그리 어렵지 않다는 것을 알게 될 것이다. 어려움의 근본 원인은 자신이 아직 정리되지 않았기 때문일 수도 있다. 그래도 작성을 하다 보면 자신이 정리되는 느낌을 받을 수 있을 것이다. 목표를 잘게 쪼개어 얻는 유익 중 하나는 작은 성과들을 달성할 수 있다는 것이다. 이러한 성과를 통해 얻은 성취감은 더 큰 목표를 설정할 수 있는 용기를 준다. 서핑도 마찬가지다. 모든 서퍼가 큰 파도를 원하지만, 큰 파도를 타려면 수백, 수천 개의 작은 파도를 먼저 겪어야 한다. 그를 통해 스스로를 변화시키고 성장시켜야 한다. 작은 파도를 이긴 성취감이 큰 파도에 덤벼들게 만든다.

작은 과업을 완수하며 큰 목표를 이룬다

미국의 이라크 전쟁 영웅 맥레이븐 제독은 대학에서 이렇게 연설했다.

> "세상을 바꾸고 싶다면 본인의 침대부터 정리하십시오. 한 가지 일을 완수하며 하루를 시작하는 것입니다. 그 완수한 과업은 다른 일을 할 수 있는 용기를 줄 것입니다. 만약 하루를 실패하고 돌아오더라도, 완수한 하나의 과업은 다음날을 위한 용기를 줄 것입니다."

큰 목표를 세우고 큰일만 생각하는 사람들은 작은 일들을 사소하게 여기는 경우가 많다. 작은 일을 태만히 할 경우, 완수하지 않을 경우 큰 일을 이루기는 어렵다. 한 가지 더, 겸손, 절제, 공손, 성실, 정직……. 이들은 작아 보이지만 결코 작지 않다. 이들은 성장의 요소이자 소통의 가치이다. 이 '작은 것'들을 소중히 여기고 지키는 마음은 큰 일을 이루는 밑거름이 된다.

목표의 의미는 개인에서 공동으로 확장할 때 더 강력해진다

목표는 주변 환경에 의해 쉽게 무너지곤 한다. 단적인 예로, 직장에서 과장 승진을 목표로 세웠는데, 기업이 문을 닫아버리면 목표는 허물어지는 것이다. 그밖에도 목표를 이루지 못하도록 '괴롭히는' 요소는 헤아릴 수 없을 만큼, 성격을 규정할 수도 없을 만큼 많다. 그러므로 '타인 기여'를 하자. 타인 기여는 목표를 붙잡고 나아갈 수 있는 힘을 준다.

타인 기여란 본인이 목표를 이룩함으로써 타인에게 어떤 기여를 하는

지 스스로 의미를 부여하는 작업이다. 자신의 이룸이 가족, 친구, 동료 들의 삶에 어떤 영향을 미치는지 고려해보는 것이다. 그 영향이 가슴에 와닿으면 목표에 대해 더욱 책임감이 생긴다. 적극적으로 달성해나가려는 의지가 붙는다.

나의 궁극적인 꿈은 대안학교의 기획이다. 나는 대한민국 대안학교 1세대로서 대안교육의 중요성을 현장에서 여실히 깨달은 바 있다. 현재 대안학교가 한국에 많이 퍼지고 있지만 더 체계적인 시스템과 교육 콘텐츠가 필요하다는 생각이다. 취업 준비생 시절엔 바로 대안교육 분야로 뛰어들 계획도 세웠었다. 하지만 대안교육이 사회를 반영하는 콘텐츠가 부족하다는 점, 경영적인 능력과 자체적 수익 시스템이 약하다는 점을 발견한 뒤 이 문제들을 해결하고 뛰어들기로 마음을 먹었다. 사회에서 필요한 교육을 역산해서 대학, 고등, 중등 이렇게 접근하면 학생들이 사회에 나와 자신이 원하는 방향을 찾을 수 있을 것이라 생각했다. 나는 대안교육으로 사람의 변화를 이끌어내고 싶다. 잠재력이 뛰어남에도 자신의 상처로 꽁꽁 묶여 바닥만 서성대는 학생들을 훨훨 날게 만들어주고 싶다. 제대로 된 교육은 그것을 가능하게 한다고 믿는다. 많은 학생이 아니어도 좋다. 단 몇 명이라도 그들을 위해 '타인 기여'하고 싶다. 이 마음이 내가 꿈을 향해 나아가는 원동력이다.

Life Surfing

- 목표를 실행할 수 있을 만큼 쪼개라.
- 쪼개어 나눈 목표를 달성하는 습관을 들여라.
- 목표는 타인을 위한 이타적인 의미가 부여될 때 큰 영향력을 가진다.

4
실패의 아픔은
성장을 위한 영양제

떡은 늘 따뜻해야 한다

독서포럼 〈나비〉에서는 1년에 한 번 전국 나비들이 모여 '단무지' 독서캠프를 간다. '단무지'란 '단순 무식 지속적으로 책만 읽자'의 약자로, 2박 3일 동안 전국의 독서모임 회원들이 모여 함께 책을 읽는 캠프이다.

2014년도 독서포럼 〈나비〉의 단무지를 기획할 때였다. 기존엔 100명 단위로 진행을 하다, 대기업과 협력해서 1,200명으로 진행하기로 했다. 하지만 그해 대한민국의 아픈 역사가 된 세월호 참사가 터져버렸다. 행사는 취소되고 협력 업체의 후원도 무효가 되었다. 내부 기획팀은 상황을 지켜보았다. 그러다 시간이 얼마 남지 않은 상황에서 단무지를 진행하기로 결정하고, 재정 문제를 해결하기 위해 700명으로 모집 인원을 줄였다. 나는 기획을 총괄하는 입장에서 부담이 적지 않았다. 사실 100명 단위의 행사는 많이 치뤄 보았지만 700명이 모이는 행사는 경험이 없었다. 기존의 쓰던 매뉴얼 전체를 다시 세팅해야 했다. 나는 대표님의 자료를 참조해서 새로운 매뉴얼을 만들어내고, 행사장을 몇 번이고 방문해서 행사 장면을 상상해보며 세부 흐름을 잡아나갔다. 예술의 전당 공연에 참석해서 대규모 인원의 동선을 어떻게 질서 있게 관리하는지 살펴보기도 했다.

치열하게 노력을 해도 시간이 다가올수록 불안하기만 했다. 나를 비롯해 후배들도 한계를 느끼며 힘들어 했다. 드디어 디데이. 컨퍼런스 룸에 700명이 넘는 사람들이 모인 가운데 무엇인가 하나라도 잘못된다고 생각하면 저절로 식은땀이 났다. 엔지니어를 맡았던 후배의 순간순간 떨림이 나에게 전달이 될 정도였다. 나는 마음을 안정시켜주려고 후배를 다독이고, 적절히 다그치기도 했다. 후배는 모든 행사를 마친 뒤 엔딩 영상을 보며 눈물을 훔쳤다. 오랜 시간 긴장을 놓지 못하고 쉬지도 못했던 후배에게 무척 미안했다. 그때 나를 믿고 끝까지 따라와주었던 후배 황진영에게 참 감사하다는 말을 전하고 싶다.

행사 뒤 피드백을 가졌다. 계획했던 것과 실제 현장에서 일어난 것의 차이를 돌아보며 개선할 것들을 점검하는 시간. 모두들 순순히 자신의 죄를 이실직고하며 다음 행사를 기약했다. 마지막으로 대표님 차례였다. 대표님은 오랜 경험에서 나오는 예리함으로 우리가 놓쳤던 점들을 지적했다. 그리고 책상 위에 뭔가 하얀 덩어리를 올려놓았다. 행사 마지막 날 700명에게 나누어준 백설기였다. 750개를 한 업체에 주문했으니, 업체는 전날부터 떡을 쪘을 것이다. 그리고 다음 날 12시에 떡을 공급하니, 맨 처음에 만들어진 떡은 딱딱해질 수밖에 없을 터였다. 하필 그 딱딱한 떡이 대표님에게 돌아간 것이다. 그 떡으로 인해 혼이 나는데, 순간 억울함이 밀려왔다. 고작 떡 때문에 행사를 다 망친 기분이었다. 내가 부족해서 함께 일한 사람 모두가 혼이 난 것 같다는 생각마저 들었다.

하지만 나는 무거운 기분에 계속 젖어 있지 않았다. 모두의 피드백을 정리한 기록을 바탕으로 세부를 다시 되새겼다. 그리고 새로운 매뉴얼을 만들어나갔다. 일주일쯤 밤을 새워가며 매뉴얼을 만들었더니, 자그마치 50장이 넘었다. 매뉴얼을 만드는 과정 속에서 나는 상상으로 새로운 행사를 치러냈다. 그 행사에서 종전의 실수는 되풀이하지 않았다.

2015년 동일한 규모의 행사가 진행되었다. 행사의 거의 모든 분야가 한눈에 보였다. 시간대별로 어디에서 무엇이 진행되고 있는지 예측할 수 있었고, 일어날 문제의 패턴들도 모두 방지했기에 모든 일정이 매끄럽게 흘러갔다. 물론 떡도 따끈따끈하게 나왔다. 그 후 나는 행사를 치를 때 후배들에게 한마디 건넨다.

"떡은 따뜻해야 돼."

이 말 속에는 책임자와 진행팀이 업무에 임하는 자세, 고객을 향한 정성 등 모든 것이 담겨 있다.

실패 속에 아픔을 돌아볼 때 성장이 일어난다

실패를 자세히 살펴보면 성장에 대한 단서가 보인다. 실패를 잘 분석하면 자신의 한계를 넘을 수 있는 기회가 된다. 안타깝게도 실패에 대한 상처로 성장 기회를 놓치는 사람이 많다.

실패를 맛본 사람들의 반응은 대략 세 가지다.

첫째는 실패를 부정하는 것이다. 자신의 실패를 인정하지 않는 사람들은 끊임없이 어떠한 논리를 끌어와 실패를 합리화한다. 그렇지만 논리가 세련되질수록 자신의 가치는 초라해진다.

둘째는 실패에 익숙해지는 것이다. 실패에서 벗어나려 애쓰기보다 그저 삶을 버티는 모습이다. 실패에 대해 진지하게 피드백하지 않고 '그럴 수도 있지. 역시 난 안 돼.' 하며 실패를 회피하는 마음이다. 반성이 없다면 실패는 같은 패턴으로 다시 찾아온다.

셋째는 실패를 전환하는 것이다. 실패했을 때 자신에게서 문제를 발견하고 이를 해결하려는 모습이다. 실패가 다시 일어나지 않도록 막으려는 의지이다. 이러한 반응은 성공을 위한 실패이므로 가치가 있다.

서핑을 배우는 초기에는 수없이 바다에 빠진다. 그러면서 바닷물을, 실패의 짠물을 배부를 만큼 먹는다. 지금껏 서핑보드에 오르자마자 서핑을 멋지게 타는 사람을 본 적이 없다. 즉 누구나 실패를 겪는 것이다. 실패의 쓴맛을 맛보며 자신을 성장시켜 나가는 것이다. 물론 실패가 견디기 힘들 때도 있다. 그래도 성공을 꿈꾸는 사람이라면, 더군다나 청춘이라면 실패를 맞았을 때 세 가지 반응 중 어떤 것을 선택해야 하겠는가?

실패는 되도록 젊을 때 겪는 것이 낫다. 실패에서 회복하는 힘, 정리할 수 있는 에너지, 성장의 기회를 찾는 감각. 이러한 것들이 젊음에게는 있기 때문이다.

Life Surfing

• 실패를 자세히 보면 그 속에 성장의 단서가 있다.
• 자신이 자주하는 실패를 그대로 두지 마라. 실패를 전환해 성공으로 다가가라.

5
준비한 만큼
기회를 잡는다

그냥 이루어지는 법은 없다

파도를 타려면 기본적으로 체력도 키워야 하고, 자세도 익혀야 한다. 파도 이해하기, 안전교육 등도 중요하다. 또한 서핑 자세를 익히는 시기에는 이미지 훈련이 아주 효과적이다. 마치 바다에 있는 것처럼 상상하며 훈련하는 것인데, 이 훈련은 실제로 바다에 나갔을 때 많은 도움이 된다. 나도 이미지 훈련을 참 열심히 했다. 잠자리에서 파도를 생각하다가 벌떡 일어나 속옷 차림으로 긴 베개를 보드 삼아 서핑 자세를 연습할 정도였다. 스케이트보드를 들고 한강으로 나가 내리막길에서 파도를 타듯이 연습을 하거나, 심지어 스케이트보드를 타고 회사에 출근하기도 했다. 바다가 아닌 곳을 바다로 여기며 즐겼었다. 이러한 과정이 나를 능숙한 서퍼로 만들어주었다. 진짜 바다에서 더 짜릿한 서핑을 즐길 수 있게 만들어주었다.

이와 같이 목표를 달성하려면 반드시 준비가 필요하다. 그냥 뚝딱 이루어지는 것은 없다. 우연한 기회에 벼락같이 성공을 한 사람도 그 뒤에는 오랜 준비와 인내의 시간이 있는 법이다. 그것이 기회를 만나게 해준 것이다. 준비되어 있지 않으면 넝쿨째 굴러들어온 호박처럼 기회가 굴러와도 손에 넣지 못한다.

"준비에 실패하는 것은 실패를 준비하는 것이다."

프랭클린 루즈벨트의 말이다. 그의 말처럼 준비하지 않고 사는 인생은 성공에서 멀어진다. 목표 달성을 위해 열심히 준비하고 있는지 혹은 어떠한 핑계로 준비를 미루고 있지는 않은지 스스로 검토해야 한다.

공부해야 하는 이유

미래를 준비하는 기본은 한마디로 공부다. 자격증이나 각종 시험을 위한 공부만이 아니라 맡은 일을 잘하는 법, 자신을 다루는 법, 강점을 활용하는 법, 타인에게 영향을 미치는 법에 대해 공부해야 한다.

그런데 공부라는 것은 하면 할수록 공부할 것들이 더 확장되는 습성이 있다. 처음에 교육기획을 공부하던 나는 교육학, 교육심리학, 교육공학, 교육철학까지 공부했다. 교육기획 일을 하던 시기에는 교육상품을 만들게 되면서 상품기획, 마케팅 기획의 공부가 필요했다. 행사가 있을 때는 행사기획과 이벤트 기획을, 팀장으로 팀을 이끌 때는 경영기획과 인사기획을 공부했다. 새로운 문제가 닥쳤을 때 그 해결책은 공부에 있기 때문이다. 개인적으로 강규형 대표님이 기억에 남는다. 대표님은 사무실 서재에 앉아 자주 책을 읽었다. 그 모습은 이 회사가 안정된 회사라는 느낌을 주위에 풍겼다. 대표님의 공부가 나에게 미친 영향이다.

나는 2010년 9월부터 8년 동안 토요일 새벽 독서포럼 〈나비〉에 참석했다. 매주 토요일 오전 6시 40분에 열리는데, 2년차부터는 스태프로 섬기면서 남들보다 빠른 6시에 나와야 했다. 지각하지 않으려면 새벽 4시 30분에는 일어나야 했다. 가끔은 근처 찜질방에서 자고 독서모임에 가거나, 가끔은 결석하고 싶어 핑계거리를 찾기도 했다. 그런데 나비에 가면 사람들의 긍정적인 기운 덕분인지 새벽의 피로가 싹 가시며 살아나는 기분이 들었다. 생기를 찾으면, 나는 다양한 사람들과 부지런히 지적인 소통을 했다. 그 생활을 지속한 결과 단단한 지성을 만들어냈다. 그 지성은 기획을 하는 데에, 나의 미래를 준비하는 데에 큰 영향을 주었다.

현재를 뚫고 나가야만 만날 수 있는 미래

언젠가 독서포럼 〈나비〉에서 한 선배가 감동적인 발표를 했다.

"자신을 변화시키고 연마하는 것은 자신의 미래로 가는 터널을 파는 것과 비슷한 것 같습니다. 누구는 삽으로 파고, 누구는 포클레인으로 파고, 누구는 폭탄으로 터널을 뚫고 갑니다. 여하튼 파고 나가는 과정은 훈련의 시간입니다. 훗날 자신의 꿈이 있는 반대편에 도달하고 뒤를 돌아보았을 때, 자신이 어떠한 길을 걸어왔는지 깨닫게 되는 것 같습니다."

반대편, 꿈이 있는 그곳으로 끊임없이 파고 들어가는 과정을 거쳐야만 꿈을 이룰 수 있다. 어떠한 도구를 사용하든 터널을 뚫을 수 있는 것은 멈추지 않고 지속해 나가겠다는 노력과 집념이다. 때로는 자신이 하고 있는 일이 사소하고 별 가치가 없다 여겨질지라도 시간이 지나면 달라질 수 없다. 중요한 것은 인내하며 끝까지 파는 것이다.

육상선수가 100m 경주에서 세운 신기록은 한순간에 이루어진 것이 아니다. 기적이 아니다. 노력과 인내의 결과이다. 그 선수가 목에 금메달을 걸며 눈물을 흘린다면 그것은 자신에게 일어난 기적 때문이 아니라 자신이 걸어온 인내의 시간들 때문일 것이다.

인내로써 오랫동안 준비하면 예전에 보지 못했던 기회를 볼 수 있는 눈이 생긴다. 개인적으로 나는 네잎클로버를 잘 찾는 편이다. 그 노하우는 클로버 밭을 오랫동안 바라보는 것이다. 오랫동안 바라보면 처음에 보이지 않던 네잎클로버들이 하나둘씩 시선에 걸리기 시작한다. 다른 사람은 본인 앞에 네잎클로버가 있는데도 잘 찾지 못한다.

오랫동안 준비하면 자신의 역량이 올라간다. 그러나 단순히 그것에 그치지 않는다. 그 이상의 것을 가져다준다. 세상을 바라보는 시각과 사고를 성장시키고 스스로의 가치를 높여준다. 준비하면, 경험할 수 있다.

앞을 가로막는 터널은 사람에 따라 다를 수 있다. 누구는 작은 터널, 누구는 보통 터널, 누구는 꾸불꾸불한 터널, 누구는 크고 넓은 터널……. 터널이 불공평하다고 불평할 것 없다. 준비 과정이 성실했다면 못 뚫을 터널은 없다. 터널을 뚫는 과정 속에서 자신이 다듬어진다는 사실만 기억하자.

Life Surfing

- 예측할 수 없는 미래를 준비하려면 공부하라.
- 현재를 그대로 둔다면 미래는 사라진다. 터널을 뚫고 미래를 만나라.

청년의 시기 직업을 선정할 때 한 가지만 고르기는 힘들다. 하고 싶은 것이 많을 때이기도 하고, 미래의 모습을 알 수 없는 상황에서 한 가지 직업만 생각한다는 건 불안하기 때문이다. 그런 이유로, 3가지를 선정하는 것이 더 효과적이다. 중요한 점은 나의 재능과 타인의 필요가 만나는 지점에서 내가 어떠한 기여를 할 수 있는가이다.

나의 경우는 미래에 하고 싶은 일 / 돈을 벌 수 있는 일 / 사회에 기여할 수 있는 일로 구분해서 기록했다. 꼭 나의 경우를 따를 필요는 없다. 원하는 대로 3가지를 기록해도 된다.

 Think

각 직업에서 무엇을 할 수 있는지를 다음과 같이 생각해 본다.

나는 ___(What 무엇)___ 되어 ___(Who 누구)___ 에게 ___(how 어떻게)___ 기여하겠다.

선정한 3가지를 각각 이렇게 정리해본다. 거창하게 적을 필요는 없다. 자신이 알 수 있는 만큼 적는다. 그 분야에 잘 알지 못해 정확하게 적지 못할 수도 있지만, 이 작업은 모르는 분야에 대해 알아가며 자신이 어떻게 기여할 수 있는지도 알아갈 수 있는 계기를 만들어준다.

PART 5

라이딩 Riding

자신만의
파도를 즐기다

"으아~~~~~~~~~~~~" (바다에 빠져 공포에 질린 소리)

"우와~~~~~~~~~~~~" (바다를 타며 즐기는 소리)

"이야~~~~~~~~~~~~" (서핑을 타는 사람을 바라보며 감탄하는 소리)

서핑을 타는 사람과 바다에 휩싸이는 사람의 소리는 자세히 들어보면 사뭇 다르다. 인생을 즐기는 사람과 인생의 고통을 느끼는 사람의 소리도 마찬가지이다. 이들을 보며 나서지 않고 바라보기만 하는 사람의 소리는 또 다르다. 삶을 대하는 자세에 따라 삶의 모습이 달라지는 것과 같은 이치다. 기왕이면 우리 모두가 바다를 타며 즐기는 소리를 지르기 바란다.

파도를 잡아 일어서는 순간 보드는 파도의 결을 따라 빠르게 미끄러진다. 자연과의 조화를 이루며 파도에 미끄러지는 느낌은 황홀하다. 말로 표현하기 어려울 정도로 성취감을 준다.

하지만 두려움으로 바다 위에 제대로 서지 못하는 사람, 아예 바다에 뛰어들지 않는 사람은 이 기분을 느낄 수 없다. 서핑의 전제는 즐거움이다. 삶도 서핑처럼, 자신의 방식대로 즐겨야 한다. 누군가 성공했다고 평하는 것들, 누가 잘했다고 칭찬하는 것들, 이것들이 자신의 진정한 삶이 아닐 수 있다. 타인의 기쁨에서 얻은 자신의 기쁨을 연기처럼 사라질 위험이 높다. 자유롭게 자신의 인생을 위한 모험을 떠나야 한다. 즐거움은 작은 모험에서부터 시작한다.

1
서핑을 즐기는 사람 vs
구경을 즐기는 사람

도전으로 얻은 행복

2017년 추석연휴는 주말과 겹쳐 잘만 활용하면 약 보름을 쓸 수 있었다. 많은 직장인들이 이 기회를 놓치지 않으려고 연초부터 해외여행을 계획했다. 나는 신경을 못 쓰고 있다가 7월에 이르러 해외에 나가고 싶어졌다. 그리고 발리에 마음이 끌렸다. 파도 때문이다. 발리는 서핑의 천국이라고 불릴 만큼 매일 매끄럽고 굵직한 파도가 들어와 서핑을 언제든지 즐길 수 있다. 그래서 우리나라의 많은 서퍼들이 연중 1회는 발리에 가서 서핑을 한다는 소리를 들었다.

비행기 티켓을 예약하고 한 달 전부터 들뜬 마음으로 스케이트보드를 들고 한강으로 나가 시뮬레이션을 했다. 연습만 하는데도 가슴이 두근거렸다. 한국에서 느낄 수 없는 큰 파도를 탈 수 있다는 것, 해외의 멋진 서퍼들과 함께할 수 있다는 것에 흥분되었다. 회사에 갈 때도 스케이트보드를 타고 다니고, 쉬는 시간엔 복도에서 연습을 했다.

출발 2주 전. 들뜬 마음에 스케이트보드 묘기대에서 높이 점프를 했는데,

착지를 잘못해서 발이 접질렸다. 집에 돌아와 얼음찜질을 했지만 통증과 붓기가 빠지지 않았다. 다음날엔 걷지 못할 만큼 아파서 병원에 갔다. 인대가 늘어난 것이었다. 나는 깁스를 한 채 이틀을 집에서 누워 지냈다. 아픈 것보다 발리에 갈 수 있을지 더 신경이 쓰였다. 일주일이 지나자 조금 나아졌지만 여전히 걷기조차 힘들었다.

출발 1주 전. 걷지 않고 가만히 있으면 괜찮았지만 땅에 딛을 때면 심한 통증이 찾아왔다. 주위 사람들은 여행 취소를 권유했다. 그러나 마음속에서 발리가 지워지지 않았다. 전전긍긍하던 나는 3일 전에 발리로 떠나기로 마음을 굳혔다.

드디어 출발하는 날. 목발 신세로 집을 나섰다. 발에 깁스를 한 채 한 팔로는 목발을 짚고 한 팔로는 캐리어를 끌며 엉금엉금 걸었다. 공항버스를 타는 곳까지 걸어서 5분 거리인데 20분이 걸렸다. 그 20분은 20년처럼 길었다. 공항에서 티켓팅을 하는데, 직원이 나의 목발을 보더니 휠체어 서비스를 받겠냐고 물었다. 휠체어 서비스가 있다는 것을 그때 처음 알았다. 공항에서 휠체어를 타고 다니며 구경하는 것은 색다른 재미였다. 그렇게 기적같이 발리로 떠날 수 있었다. 발리 공항에 도착했을 때 픽업 나온 발리 청년은 깁스를 한 채 서핑을 온 나를 당혹스러운 표정으로 맞이했다. 십분 이해가 가는 표정이었다.

발리에서 일주일은 해변의 선베드에 앉아 서핑을 구경하며 보냈다. 자유로운 서퍼들의 퍼포먼스를 감상하며 즐거움을 느낄 수 있었다. 서퍼들과 구경하는 나, 마치 영화 속 한 장면 같았다. 그렇게 일주일을 보내니 점차 발목이 괜찮아지는 것 같았다. 깁스를 풀었더니 걸을 만했다. 그길로 현지인 서핑강사에게 서핑을 탈 수 있을 것 같다고 말했다. 강사는 물에서도 사용할 수 있는 발목 보호대를 주었고, 나는 다음 날 서핑 캠프에 들어갔다.

기대와 흥분 속에 파도 속으로 들어갔지만 파도를 뚫고 들어가는 것 자체가 한국과 차원이 달랐다. 크기가 큰 만큼 뚫고 나가기도 힘들고, 파도에 휩싸이면 정신을 못 차릴 정도였다. 가까스로 라인업 지점에 다다랐다. 그리고 나를 삼키려는 파도에 몸을 실어 파도를 타는 순간 지금껏 느껴보지 못한 힘이 나를 빠르게 밀어냈다. 이때의 성취감은 말로 표현할 수 없을 만큼 컸다. 어렵게 발리까지 오게 된 힘든 시간, 기다렸던 모든 시간을 보상받는 순간이었다. 발리 모험의 결말은 해피엔딩이었다. 나는 도전에 성공한 기념으로 목발을 발리에 두고 왔다.

만약 포기했다면 그 행복을 맛볼 수 있었을까? 발리에 다시 갈 기회를 얻을 수나 있었을까? 발리 서핑여행은 여러 가지를 느끼게 해준 귀한 체험이었다.

자신의 울림을 따라가는 불확실한 모험

누구나 모험을 동경한다. 다큐멘터리 속 모험가들이 벌이는 긴장감에 공감하는 마음도 그런 이유일 것이다. 인생에서 어떠한 목표를 세우고 그것을 향해 살아가는 것도 하나의 모험이다. 마음속에서 올라오는 울림에 자신을 발견하며 불확실한 미래에 자신을 던지는 것이다.

많은 사람이 직장생활을 시작하며 새로운 모험을 떠나듯 흥분과 열의에 차서 출발한다. 하지만 얼마 지나지 않아 반복되는 업무, 인간관계에서 오는 실망감 등에 흥분과 열의를 잃어버린다. 심한 경우 생활에 무기력함마저 느끼게 된다.

잡코리아는 10명 중 7명이 입사 후 이직을 고민한다는 설문 결과를 발표했다. 이 결과는 이 시대의 아픔이 아닐까 생각한다. 그토록 어렵게 뚫은 취업문인데, 꽃을 피우기도 전에 이직을 고민하며 직장에서 해방되기만을 고대하다니! 얼핏 이직은 모험일 수 있다. 그런데 자신이 지금 몸담고 있는 회사에서도 얼마든지 모험을 할 수 있다. 회사에 도움이 되면서 자신의 재능을 발휘할 수 있는 일, 남들이 하지 않는 일, 시키지 않아도 할 수 있는 일들을 찾아야 한다. 그것이 모험이다. 회사에서 찾아주기를 바라기보다 자기 스스로 창조적인 모험을 위한 시도를 하자. 그것은 업무적인 것 외에 인간관계 개선, 회사 분위기를 띄우는 워크숍, 이벤트 등일 수도 있다. 한 권의 책을 읽는 것으로도 자신만의 모험을 떠날 수 있다. 이러한 모험들이 반복되면 일과 삶 모두에서 의미가 생겨나고 활력이 돋아난다.

작은 모험의 완수는 큰 모험의 디딤돌이 된다. 작은 모험들이 모이면 목표를 향해 나갈 수 있는 힘이 솟는다. 그럼에도 불구하고 모험을 등한시하는 사람들이 많다. '돈도 안 되는데 이런 짓은 왜 하나? 쓸데없는 시간낭비야' 하며 시도조차 안 한다. 시도를 주저하는 이유는 확신이 없어서다. 확신 없는 도전이 두려운 것이다. 그러나 확신으로 덤벼드는 모험이 얼마나 될까? 완벽한 확신에서 시작하는 모험은 의미를 반쯤은 상실한 것이라 생각한다. 확신은 모험 속에서 발견되는 것이다. 모험의 울림에 반응하지 않거나 혹은 미루다가 뒤늦게 시작하는 것이 오히려 더 큰 시간 낭비일 수 있다. 미미하게라도 울림이 생겨난다면 그것이 무엇인지 잠시 확인이라도 해보는 습관이 필요하다. 자신이 가야 할 방향에 도움을 주는 단서를 잡을 수 있을 것이다. 인생은 자신의 울림을 따라가는 불확실성의 모험이다. 대부분의 성공한 사람들이 이러한 모험을 떠났음을 기억하자.

대학 시절 나의 동아리 방에 부착했었던 한 광고 포스터의 카피가 기억난다.

Think Unthinkable, Challenge Unchallengeable

생각하라, 아무도 생각하지 않은 것들을. 도전하라, 아무도 도전하지 않은 것들을!!

Life Surfing

• 행복을 부르는 모험에 기꺼이 참여하라.
• 모험은 우리의 틀 안에 갇힌 것들을 깨뜨린다.

2
나에게 맞는
보드를 타라

기대만으로 되지 않는 일

서핑 입문자들이 꿈꾸는 것이 있다. 숏보드를 타보는 것이다. 보통 초보자들은 롱보드를 탄다. 그리고 시간이 지나면서 조금씩 크기를 줄여 숏보드로 입문하게 된다. 숏보드는 부력이 적어 멋진 퍼포먼스를 할 수 있고, 롱보드는 안정적인 라이딩을 할 수 있다. 초보자들은 프로서퍼들이 묘기를 부리는 것을 동경하며 숏보드를 타보려 하지만 숏보드를 바로 타기란 하늘의 별따기이다. 오랜 시간 파도에 적응하며 자신의 실력에 맞게 보드 크기를 줄여나가는 것이 정석이다.

역시 발리에서 겪은 일이다. 나도 단 한 번만이라도 숏보드를 타보고 싶었다. 며칠 동안 롱보드에 적응했고 안정적으로 탔기에 자신이 있었다. 마지막 날 강사에게 숏보드를 요청했다. 요청은 받아들여졌다.

멋지게 숏보드를 탈 수 있다는 기대감을 안고 바다로 나갔다. 바다에 몸을 담고 파도를 잡기 위해 앞으로 나가려는데, 보드가 내 뜻대로 움직이지 않았다. 중심도 잡기 힘들어 몇 번이고 바다에 빠지고 말았다. 파도를 타기는커녕 바다 위에서 보드를 잡은 채 허우적댔다. 작은 파도에도 중심을 잃었다. 바다 한가운데 발도 닿지 않는 곳이라 공포마저 느껴졌다. 이 경험 이후 나는 롱보드에서 충실히 단계를 높여 나가기로 결심했다.

기회는 강점에 기반한다

서퍼라면 파도가 왔을 때 자신 있게 탈 수 있는 자신만의 강점이 무엇인지를 반드시 찾아내야 한다. 강점이 무엇인지 모른 채 파도가 아까워 덥석 올라타면 파도에 휩싸이기 십상이다. 우리 삶에서도 기회가 왔을 때 자신의 강점이 무엇인지 몰라 활용하지 못하는 경우가 종종 있다.

사회생활을 하면 기회가 자신의 강점을 기반으로 찾아오는 경우가 많다. 사회생활은 인간관계의 연속일 수 있는데, 중요한 점은 사람들이 서로의 강점을 필요로 한다는 것이다. 사회의 업무들은 대부분 협력으로 이루어지기 때문이다. 직장 안에서의 평가도 직원의 강점을 중심으로 이루어진다. 강점이 많을수록 그 사람을 경쟁력이 있다고 말한다. 나의 주관적 견해일 수 있지만, 경쟁력이 있다는 것은 다른 사람들 보다 최소 10배 이상 잘하는 것이다. 비즈니스에서 경쟁사와 비교했을 때 조금 잘해서는 우위를 점하기 어렵다. 경쟁사가 감히 넘보지 못할 만큼 강력한 강점을 지녀야 한다.

강점은 성공 확률을 높인다

본인의 강점을 반드시 알아야 하는 이유는 명료하다. 본인의 강점 분야에서 성공할 확률이 가장 높기 때문이다. 서퍼가 자신에게 맞는 보드를 탔을 때 멋진 서핑을 연출할 수 있듯이. 나는 교육기획을 하면서 강의로 성공을 꾀했던 적은 없다. 강의는 나의 강점이 아니기 때문이다. 나의 강점은 강의하는 사람이 강의를 할 수 있도록 교육 프로그램을 만들어주는 것이다. 또한 말로 표현하는 것보다 생각을 구현해서 이미지화 혹은 문서화시키는 것이 나의 강점이다.

기획도 나에게는 강점이다. 기획을 할 땐 금방 몰입하게 되고 시간을 초월한다. 한창때는 5~8시간을 쉬지 않고 몰입하기도 했다. 그 후에 오는 성취감은 이루 말할 수 없을 정도다. 성취감을 맛본 뒤엔 또 무언가를 하고 싶다는 의욕이 생긴다. 새로운 주제들이 기대된다. 이것이 나의 강점이다.

강점은 다듬어지면서 만들어진다. 처음에는 보잘것없어 보이는 무엇이 지속적인 훈련으로 강점이 될 수 있다. 마치 투박한 다이아몬드 원석을 정성들여 깎아 내는 작업과 비슷하다. 나의 강점도 오랜 시간 다듬어진 것이다. 나는 기획 일을 전문적으로 하기 전부터 사람들이 무슨 일을 하냐고 물으면 교육기획을 하는 사람이라고 대답했다. 그 시절 내가 알고 있는 교육기획의 개념은 지금의 내가 알고 있는 교육기획의 개념과는 많이 달랐다. 그래도 교육기획을 하고 싶고, 또 잘하고 싶다는 열정이 있었기에 사람들의 질문에 그렇게 대답한 것이다. 나는 나의 대답에 책임지기 위해 나를 다듬었다. 그러자 주위에서 교육에 대한 도움 요청이 오고, 그래서 소소한 기획들을 경험했다. 그 경험은 강점을 훈련시킬 수 있는 계기가 되었다. 내가 스스로를 다듬지 않았다면 그런 기회는 오지 않았을 것이다. 왔었다 해도 잡지 못했을 것이다.

강점 = 실력과 인격

강점에는 인격과 같은 정신적인 부분도 포함된다. 어떤 일이든 물리적인 실력만으로 완성되는 것은 없다는 사실을 유념하자. 인격은 자신의 성품 즉 일을 하는 자세와 태도이다. 이는 성실성, 정직성, 지속성, 인간관계, 자기 관리, 역경을 이겨내는 힘, 문제를 대하는 자세, 겸손한 태도 등으로 풀어 낼 수 있다. 한마디로 압축한다면 내면이 가진 힘이다. 특히 청년에게는 실력보다 인격적인 부분이 미래를 좌우할 가능성이 높다.

실제로 실력은 재능을 찾아 일정 기간 훈련을 하면 빠르게 습득할 수 있다. 하지만 인격은 오랜 시간이 걸린다. 자신의 정체성이기에 쉽게 변하기 어렵다. 나는 팀을 구성해서 프로젝트를 추진할 때 실력 있는 친구들의 인격적인 결함으로 불화가 생겨 팀이 삐걱거리는 경우를 자주 겪었다. 그렇기에 오히려 인격적인 강점이 강할수록 더 성공할 가능성이 높다고 본다. 인격은 큰 경쟁력이 될 수 있다.

누군가의 인격을 확인할 수 있는 가장 좋은 방법은 그 사람이 어렵고 힘든 순간을 지켜보면 된다. 어렵고 힘든 순간에 튀어나오는 모습을 통해 인격을 예측할 수 있다. 나 또한 인격적으로 부족한 부분이 많다. 여전히 그것을 고치기 위해 많은 노력을 하고 있지만 쉽지가 않다.

인격을 훈련하는 좋은 방법은 롤모델을 통해 그 사람의 인격을 배우는 것이다. 롤모델이 어렵고 힘든 상황에서 하는 행동과 태도를 면밀히 되새기고, 그것을 반복하면 익숙해지고 자신의 것이 된다. 청년들 중엔 취업에서는 업무적 전문성만 중요하다 여기고 인격적 부분을 터부시하는 부류가 있다. 그러나 인격은 중요하다. 리더를 꿈꾼다면 더더욱 중요하다. 인격적인 결함이 있는 사람에게는 리더를 맡기지 않는다. 설사 리더에 자리에 올랐다 해도 그를 진심으로 따르는 이는 많지 않을 것이다.

강점을 발견하는 방법

강점을 발견하기 어려운 것은 자신의 강점에 대해 정의내리기 어렵기 때문이기도 하다. 강점을 발견하는 첫 번째 방법은 검사지 활용이다. 전문 검사지는 많은 사람들의 강점을 정의 내려 분류해놓은 것이다. 물론 이것이 자신을 정확하게 판단해주는 것은 아니다. 그렇기에 결과에 대해 자신을 확정지을 필요는 없다. 단지 참고를 하는 것이다. 전문 검사지는 2~3가지를 해보는 것이 좋다. 결과를 보았을 때 자신이 표현하고 싶었지만 말로 표현하지 못했던 단어, 문장들이 있을 수 있는데, 이를 뽑아 오면 좋다. 또한 결과지를 보면 "그래. 이런 면이 나에게 있어!" 이렇게 감탄사를 자아내게 하는 것들이 있다. 그것을 단서로 자신의 강점을 정의 내려가면 더 효과적으로 강점을 발견할 수 있다.

두 번째 방법은 다른 사람들이 말하는 '나'를 보는 것이다. 가족, 친구, 직장 동료 누구든 상관없다. 사람들이 나를 보며 공통적으로 느끼는 성품 혹은 장점에 주목하자. 자신은 전혀 몰랐거나 확신하지 못했던 점들을 깨달을 수 있다. 단점은 참고만 하고 얽매이지 말자. 단점에 상처 받아 강점 찾기에 힘을 잃을 수 있다. 강점을 찾는 시간이므로 강점에 초점을 맞추는 것이 좋다.

세 번째 방법은 혼자만의 시간을 가지며 위의 두 가지 방법을 통해 자신의 목소리를 들어보는 것이다. 며칠 혼자서 여행을 떠나도 괜찮다. 조용한 커피숍도 좋다. 혼자만의 공간에서 자신의 강점 리스트를 보며, 자신의 과거를 돌아보며, 리스트의 항목이 진짜 강점인지 확인해보는 것이다. 어떤 항목이 진짜로 확인될 때 전율을 느낄 수 있을 것이다.

자신의 과거에 강점의 씨앗이 흩어져 있다.

기획자를 꿈꾸던 내게 기획자가 마냥 높게만 보이던 시절이 있었다. 보통 기업에서는 최소 5~10년차가 넘어 다양한 분야를 거쳐야만 기획자가 되는 줄 알았다. 내가 기획을 잘할 수 있을까 하는 의심은 끊이지 않고, 그런 모습은 나를 약하게만 만들었다. 그런 가운데 고등시절을 되돌아보았다.

나는 고등시절 3년 동안 영화 연출을 했다. 아이디어를 떠올리고, 이를 스토리텔링해서 시나리오로 만들고, 콘티를 만들고, 촬영일정을 짜고, 촬영 중 끊임없이 콘티를 수정하면서 영화를 만들었다. 그리고 영화를 영화제에 출품하기 위해 행사를 준비했다. 이 과정을 3년 동안 반복했다. 그 시절을 돌아보며 내가 기획에 이끌렸던 것은 영화 연출에 영향을 받은 것이라는 사실을 깨달았다. 나아가 기획이라는 강점을 위해 이미 오래전부터 준비하고 있었다는 확신이 들었다. 그 순간 전율을 느꼈고, 나는 나의 강점을 확신하게 되었다. 그 후 기획을 할 때 영화 연출을 하듯이 접근했다. 직장생활이 힘들고, 사람들에게 지쳐도 기획을 할 때만은 모든 것을 잊고 집중할 수 있었다.

본인의 과거를 돌아보다 강점을 찾는 경험은 나만 한 것이 아니다. 멘토링을 할 때 상담자들도 경험했다. "어! 저 그런 경험 있어요. 그래서 이런 것을 좋아하나 봐요" 하며 반색하는 상담자를 여럿 만났다. 과거에 깊이 들어갈수록 찾을 수 있는 강점이 많을 것이다. 강점이 없을까봐 두려워 돌아보기에 엄두를 못 낼 수도 있다. 나 역시 내가 무엇을 할 수 있을까 두려웠던 과정을 거쳤다. 그러니 걱정할 것 없다. 정말 있다.

강점을 지속적으로 성장시키는 방법

강점을 지속적으로 성장시키는 방법은 단순하다. 배우는 것이다. 겸손한 자세로. 겸손하게 꾸준히 배우면 어느 순간 자신의 강점에 대해 만족하는 순간이 올 것이다. 그 강점이 모두에게 인정받는 순간도 맞이할 것이다. 다만 주의할 점은 인정과 칭찬에 안주해서는 안 된다는 사실이다. 더 이상 배울 것이 없다는 느낌이 들 때, 그때가 바로 더욱 배움에 열성을 내야 할 시점이다. 나태해진 마음을 다잡고 다시 겸손하게 배움을 추구해야 한다. 자신의 강점에 만족하는 순간 성장은 멈춘다. 성장은 자신과의 싸움이다. 싸움을 멈추는 사람에게 발전은 없다. 끊임없이 강점의 목표를 높이며 배우겠다는 마음으로 살아가면 삶의 만족도는 갈수록 높아질 것이다.

Life Surfing

- 인생의 기회는 자신의 강점으로부터 온다.
- 강점을 발견하고 싶다면 과거를 돌아보라.
- 강점에는 실력뿐 아니라 인격도 포함된다.
- 강점을 인정받을 때 만족하지 마라. 그것에 안주하는 순간 성장은 멈춘다.

3
나아가고자 하는 방향을 주시하라

시선이 방향을 잡는다

서핑에서는 직선으로 가는 것을 먼저 배운다. 방향 턴은 그다음 과정이다. 서핑 보드에는 운전대가 없다. 손으로 저을 수도 없고, 발로 방향을 바꾸려 아무리 힘을 주어도 보드는 방향을 틀지 않는다. 서핑에서 방향을 주는 것은 신비롭게도 시선이다. 스노우보드도 시선을 통해 방향을 조절한다고 하는데, 서핑은 물 위여서 그런지 더욱 민감하다. 자신이 가고자 하는 방향으로 시선을 향하면 보드가 그 방향으로 향한다. 이것은 마법이 아니다. 시선을 돌리는 순간 고개가 돌려지고, 고개가 돌려지면 골반이 돌려지고, 골반이 돌려지면 보드에 영향을 주어 방향을 틀게 되는 것이다.

입문 시기엔 대개 바다 속을 향해 시선을 내린다. 두려움에 자신을 보호하고자 하는 본능에서 나오는 시선이다. 그런데 시선을 바다 속으로 향하면 어김없이 그 시선을 따라 바다에 풍덩 빠지게 된다. 파도의 결을 눈으로 따라가며 나아가고자 하는 방향을 보는 한 바다에 빠지지 않고 파도를 탈 수 있다. 그런데 실제로 자신이 가고자 하는 방향으로 시선을 주기까지는 오랜 시간이 걸린다. 시선 제어에는 확신과 의지가 필요하다. 거대한 파도의 흔들림 위에서 보드를 통제할 수 있는가 없는가는 자신에 대한 확신과 나아가고자 하는 의지로 결정된다.

자신이 바라볼 곳을 자신이 정하라

본인이 바라볼 곳이 없다면 다른 사람이 바라보는 곳을 바라보게 될 것이다. 사람들이 정해 놓은, 혹은 제시하는 길들, 그리고 안정적인 길들을 바라보게 될 것이다. 이러한 삶은 자신이 주도하는 삶이 되기보다 불확실 속에 끌려다니는 삶이 될 가능성이 높다. 자신의 꿈과 목표가 부끄럽고 그 시작이 미약할지 모르지만 확신을 가지고 자랑스럽게 그것을 바라보자. 더 명확히 볼 수 있도록 자신을 가꾸어 나가자.

바라볼 곳이 없다면, 꿈과 목표를 바라보지 않는다면 자신의 연약한 과거가 보일 수도 있다. 어두웠던 과거로 자신을 끌고 내려갈 수도 있다. 그 바닥에 머물 것인지, 미래를 보며 그것을 붙잡고 올라갈 것인지는 본인의 선택이다. 바라볼 곳을 스스로 정하고 그곳을 향해 달려가자. 달려갈수록 자신이 향해야 하는 방향이 더욱 선명하게 보일 것이다.

중도포기 유전자

책이나 교육에서 교훈을 얻었을 때 잠깐은 그것을 실천하지만 오래가지 못하는 경우가 대부분이다. 일반적으로 많은 사람들이 지속적인 실천 의지를 잃어버린다. '전에도 이것과 비슷한 경험을 했었는데 안 됐어', '지금 상황의 나와는 맞지 않아', '실속부터 챙기는 게 우선이지', '이런 것을 한다고 뭐가 바뀌겠어?' 이와 같이 마음속에 많은 핑계들이 올라오며 그것에 설득

당하게 되는 순간이 온다. 고든 맥도날드는 이것을 '중도포기 유전자'라고 했다. 사실 중도포기 유전자가 없는 사람은 드물다. 이 골치 아픈 유전자를 이겨내는, 근성 있는 사람이 성공의 영광을 얻는다.

중도포기 유전자를 끊어버릴 수 있는 근성은 어떻게 키울까? 사신만의 방법을 터득했다면, 그대로 밀고 나가라. 뾰족한 방법이 없는 사람이라면, 자신이 가야 할 목표를 꾸준히 바라보기를 권한다. 성공한 사람들이 근성을 얻는 데 성공한 방법이다.

나에게도 중도포기 유전자가 존재하고 있었다. 강한 열정을 품었다가도 짧게는 3주, 길게는 3개월이 지나서 열정이 없어지는 것을 경험했다. 목소리 큰 것이 열정이 아니라 지속하는 것이 열정이라는 소리를 들으면서도 나 자신의 한계를 많이 느꼈다. 삶의 의미가 무의미해지는 느낌까지 받았고, 스스로에 대한 부정이 도미노처럼 이어졌다. 그래도 기운을 내서 스스로 동기부여를 할 수 있는 방법을 끊임없이 찾아 헤맸다. 그런 내게 단서를 준 것 중 하나는 앞서 소개한 《죽음의 수용소에서》라는 책이다. 빅터 플랭크는 유태인 수용소에서 스스로 자신을 포기하고 죽어버리는 사람들과 끝까지 살아남은 사람들의 차이를 관찰했다. 관찰 결과 삶에 의미를 부여한 사람만이 어떠한 환경에서도 살아남는다는 것을 발견했다.

책을 덮은 나는 내 일의 의미와 내 삶의 의미를 되새겨보았다. 그 시간이 내게 새로운 생명력을 주었다. 나의 삶은, 꿈은, 목표는 나에게 멈추지 말고 지속해나갈 것을 요청하고 있었다. 나는 그 울림을 따랐고, 그렇게 중도포기 유전자를 이겨냈다.

직장에서 통제권 가지기

직장생활을 하다 보면 주변 사람들로 인해 좌절을 겪거나 동기를 잃어버리릴 때가 많다. 내가 교육기획 일을 하면서 여러 회사를 옮겨다녔던 것도 다른 이유보다 사람이었다. 비전을 제시해주지 못하는 리더들, 사소한 것에 목숨 거는 사람들, 권위의식에 쌓인 사람들, 이기적인 사람들, 뒤에서 수군거리는 사람들……. 이들과의 문제가 해결되지 않으니 꿈과 비전을 생각할 여유도 줄어들었다.

이와 같은 사람들과 함께라면 본인이 원해 들어간 직장이라도 견디기 힘들 것이다. 현실에 순응할 것인가 박차고 나올 것인가를 고민하게 되고, 그러는 사이 자신의 꿈과 비전은 등한시하게 된다. 여하튼 이런 상황일수록 자신의 목표를 더 분명히 다지고 그것에 집중해야 한다. 악조건에도 불구하고 여기서 무엇을 배울 수 있는가를 생각하며 지속적으로 의미를 부여해가야 한다. 그렇지 않으면 환경이 더더욱 숨통을 쪼여올 것이다. 의미를 부여하는 순간 통제권은 '나'에게 온다. 역경을 이겨내려고 마음먹는 순간 통제권은 상대가 아닌 '나'에게 온다. 통제권을 쥐게 되면 큰 산처럼 혹은 큰 파도처럼 보였던 것들이 작은 과정이었다는 것을 깨닫게 될 것이다.

나의 감정에 휩싸였던, 성숙하지 못했던 지난날의 내 모습이 생각난다. 만약 좀 더 의미를 부여하고 역경을 이겨내려 마음먹었다면 더 크게 성장할 수 있었을 텐데, 그때가 많은 것을 배울 수 있는 기회였는데, 사람들과 좋은 관계를 맺을 수 있었을 텐데……. 청년의 시기는 감정 굴곡이 심한 시기이다. 그래서 더욱 감정을 통제하는 법을 배워야 한다.

자신을 통제한다는 것이 억지로 자신을 죽이는 것을 의미하지는 않는다. 상황을 전환시킬 수 있는 사고를 갖추는 것이다. 부정적인 상황에서는 긍정적인 부분을, 좋은 상황에서는 감사하는 것을 훈련해야 한다. 통제력은 누군가 쥐어준다고 얻어지지 않는다. 스스로 깨우치고 붙잡아야 한다. 긍정적인 사람들과 가까이 지내면 통제력을 얻기가 한결 쉬워진다. 또한 술이나 유흥 같은 일시적인 해소법에 기대기보다는 조용히 묵상의 시간을 갖는 게 유익하다. 그 시간을 통해 자신이 바라보아야 할 곳을 볼 수 있다.

Life Surfing

- 자신이 나아가려 하는 방향을 집중하여 바라보라.
- 자신의 일에, 삶에 의미를 부여하라.
- 직장생활이 힘들다면 본인이 통제권을 가질 수 있도록 노력하라.

4
정체성은
자본이다

정체성을 살찌우자

선배들 눈에 사회 초년생인 청년들은 순박하고 순수해 보인다. 그런데 정작 본인들은 그 사실을 모른다. 모르는 채 환경 적응에만 힘쓰다 자신의 순수성을 잃는 경우가 있다. 더 깊이 들여다보면, 직장 문화 속에서 자신의 정체성을 잃는 것이다. 정체성이 희미해지면 자신의 본모습보다는 보이기 위한 모습에 더 열을 올린다. 하지만 남에게 잘 보이려고 하는 순간 본얼굴에 가면이 씌워져 자신의 색깔이 잘 드러나지 않게 된다. 그러다 보면 자신의 존재에 대해 혼란마저 겪을 수 있다. 정체성을 잃은 사람은 무엇인가 불합리함 속에서 갈등하다 그것과 타협해버린다. 자신의 처지와 환경에만 책임을 돌리며 꿈을 포기해버린다. 남 탓만 하며 자신을 가꾸지 못한다.

청년에게 정체성은 자본이다. 뚜렷한 정체성은 흔들림 없이 살아갈 수 있는 힘을 주고 성공과 행복으로 가는 지침을 준다. 그러므로 청년기에는 정체성 자본을 부지런히 만들어야 한다. 그런데 돈을 더 벌겠다는 마음에 자신의 미래와 상관없는 직장을 선택하는 청년들을 자주 보게 된다. 피치 못할 사정이 있겠지만, 당장은 필요한 자금을 확보한 다음 정말 하고 싶은 것을 해보겠다는 마음에 그런 선택을 하는 것은 지양해야 한다. 이 말이 어리석고 현실성 없는 소리로 들릴 수도 있다. 그러나 청년기에는 마음만 먹으면 다양한 기회를 접할 수 있고, 또 모험할 수 있다. 그 모험은 정체성 자본을 살찌운다. 청년들의 열정만 뜯어먹으려는 '열정 페이'가 사회적 문제이지만, 열정을 지불하고 경험을 얻으려는 그 마음 자체를 닫는 것은 본인에게 손해다. 열정 페이를 악용하는 이들에게 기꺼이 열정 페이를 지불하고 배우라는 뜻은 아니니 오해는 없기 바란다.

청년의 시기에는 연봉에 집착하기보다 미래를 준비하는 마음으로 직업에 임하기를 권한다. 무엇이 미래를 위한 현재의 삶일까를 고민하며 일하자는 얘기다. 그러는 사이 자신을 알게 되고, 정체성 자본은 두둑해질 것이다. 정체성 자본이 경제적 자본으로 연결되는 때도 반드시 온다. 그 한 가지 예는 리더가 되었을 때다. 리더의 자리에서는 누구나 자신이 배웠던 것들, 경험했던 것들을 토대로 경제적 자본을 만들어낸다. 정체성 자본이 풍부한 리더일수록 경제적 자본을 크게 키울 수 있다. 리더십도 더 멋지게 펼쳐나갈 수 있다.

정체성 자본을 쌓는 방법이 뭔가 특별한 것은 아니다. 되풀이되는 이야기지만 독서, 교육, 토론과 교류, 명상 등 평범한 것이다. 청년들 대부분이 경제적으로 넉넉하지 않겠지만 이런 활동에 더 투자하기를 바란다. 내 자랑 같지만, 나는 한 달에 책을 20~30권씩 구입했다. 도서구입비가 20~30만 원에 달했다. 필요하다 느껴지는 교육은 돈을 빌려서라도 들었다. 또한 녹서모임 같은 활동을 통해 많은 사람들과 교제하며 배웠다. 이렇게 쌓은 정체성 자본을 경력이 쌓인 뒤에는 경제적 자본으로 연결하는 데도 성공했다. 나처럼 못난 사람도 해낸 일을 그 누가 못하겠는가!

내 삶의 신조, '역할 기술서'

역할 기술서란 삶에 대한, 그리고 꿈을 이루어 나가기 위한 자신만의 가이드라인이다. 쉽게 말해 본인이 어떠한 삶을 살아가겠다는 다짐이다. 명칭이 꼭 '역할 기술서'가 아니라도 상관없다. "나는 비전과 꿈을 이루기 위해 '어디'에서 '무엇'을 하겠습니다."라는 내용만 들어가면 괜찮다. 가족에 대한 부분, 일에 대한 부분, 친구에 대한 부분 등 각각의 부분들에 대한 역할 기술서를 만들어보자. 역할 기술서를 만들어 나가면서 자신의 정체성을 찾아갈 수 있다. 본디 확고했다면 든든히 지켜낼 수가 있다.

세상에 많은 유혹이 있다. 다양한 가치관과 사상이 있다. 그런 소용돌이 속에서 중심을 지키고 자신의 길을 가려면 자신만의 기준이 필요하다. 그래서 역할 기술서는 가치가 있다. 물론 자신이 살아가는 방식에 원칙을 정하고 그것을 고수할 때 현실과 어긋나는 느낌을 받을 때도 있다. 때론 바보스럽고 불합리해 보일 수도 있다. 하지만 그런 느낌, 그런 시선을 자기 발전의 디딤돌로 삼을 수 있다. 한 번 더 스스로를 되돌아보는 기회를 주기 때문이다. 자신의 신조를 받든 채 꾸준히, 부지런히, 겸손하게 나아가자. 그런 삶의 미래 가치는 높고 빛난다.

이 시점에서 피터 드러커의 질문을 되새겨보자.

"어떤 사람으로 기억되기를 원하는가?"

피터 드러커는 중학교 시절 종교 선생님이 건넨 이 질문이 자신의 방향을 정해 나가는 데 도움이 되었다고 한다. 평생에 영향을 미쳤다고 한다. 여러분은 어떤 사람으로 기억되기를 원하는가? 그 질문을 품에 안은 채 역할 기술서를 작성해보자.

보상을 내려놓을 용기

자신의 일에 대한 보상을 때로는 내려놓을 용기도 필요하다. 보상에 집착하다 보면 좋은 기회들을 놓칠 수 있다. 청년의 시기에 돈을 무시하라는 이야기가 아니다. 우선순위에서 조금 뒤에 두라는 뜻이다. 자신의 정체성이 금전적 보상과 이득 위에 있어야 한다.

성격 탓일 수도 있지만 나는 급여에 대해서 불평을 하거나 더 많은 금액을 요구한 적이 없다. 두 가지 이유가 있었다. 첫째는 내가 큰돈을 요구할 정도의 실력을 갖추지 못했다고 생각했다는 점이다. 다른 하나는 돈의 유혹에 빠지지 않겠다는 다짐이 있어서였다. 정시퇴근을 하면서 여가 생활을 즐기는 친구들, 고액 연봉을 자랑하는 친구들을 만나면 나도 사람인지라 속상할 때도 있었다. 그럴 때마다 더 절제하면서 마음을 다잡았다. 오랜 시간이 지난 뒤 돌아보았을 때 물질적으로 풍요로운 생활은 잠깐의 허상이라는 것을 발견했다. 자신의 목표를 바라보고 인내하면 반드시 삶이 보상해 준다.

악덕 경영주가 아닌 이상 대개의 경영주들은 종사자에 맞는 급여를 고민해서 결정한다. 만약 자신의 급여가 성에 차지 않는다면, 주는 사람이 그 급여만큼만 인정하고 있다는 점을 상기할 필요가 있다. 불평하고 자책하기보다 원하는 급여에 맞게 자신의 실력을 키우는 것이 더 현명하다. 실력이 충분한데도 마땅한 급여를 받지 못한다면 걱정할 필요가 없다. 어디에서든 그 급여를 맞춰줄 곳을 찾을 수 있을 것이다. 실력 있는 인재를 놓치는 것은 회사의 손해다. 내 경험상, 회사는 뛰어난 인재를 절대 놓아주려 하지 않는다.

정체성이 흔들리고 힘들더라도

3P 자기경영연구소의 강규형 대표님은 항상 나에게 월급 받으면서 MBA에 사장수업까지 받는다고 생각하라 하셨다. 실제로 정말 많은 것을 배울 수 있었다. 3P 자기경영연구소는 나에게 직장이자 학교였다. 대표님은 일보다 사람을 키우는 교육에 치중한다는 원칙으로 직원을 키워나가셨다. 나는 이런 직장에서 일에 대한 의미와 가치를 배웠다.

3P 자기경영연구소의 정식 직원이 되기 전에 몇 가지 교육 관련 업무를 도와준 적이 있었다. 언젠가 제안서 작업을 요청받았는데, 며칠 밤을 새워 가면서 제안서를 만들어 주었다. 그때 류경희 이사님이 작업비가 담긴 봉투를 건네주셨다. 나는 그런 봉투를 받는 데 익숙하지 않았던 때라 한사코 거절하며 대신 옥수수 10개를 받았다. 그리고 맛있게 먹었다. 개인적으로는 재정으로 무척 힘든 시기였지만 옥수수로 족했다. 도움 주셨던 분들에게 나의 재능으로 은혜를 갚았다는 것에 그저 뿌듯했다.

'옥수수 사건'처럼, 단지 교육기획으로 남을 도울 수 있다는 것에 뿌듯하게 여기던 시간이 기억난다. 전문가가 아니더라도 선한 의도를 가진 사람은 어디서든 쓰임을 받는다. 선한 의도로 사람들을 도와라. 그러한 것들이 쌓이면 자신의 정체성 자본이 쌓인다. 자신의 정체성이 타인에게 알려지고, 그 타인은 도움과 기회를 줄 것이다.

주위 환경으로 인해 자신이 정체성이 흔들리고 힘들 때가 누구나 있다. 그때 오늘 하루를 지키겠다는 마음으로 매일을 살아가기를 권한다. 미래를 바라보며 하루하루를 지켜나갈 때 어느 순간 자신도 모르게 거인과 같은 정체성이 내면에 형성되어 있을 것이다. 《나무를 심는 사람들》이란 책에서 주인공은 매일같이 알이 굵고 좋은 씨앗을 척박한 땅에 심는다. 몇십 년이 지나자 그 척박한 땅은 물이 흐르고 나무가 자라는 건강한 장소로 변화되었고, 사람들에게 사랑받는 쉼터가 되었다. 자신의 내면이 마치 척박한 땅처럼 아무것도 없다고 느낄 수 있다. 또한 자신이 처한 위치에서는 아무것도 할 수 없다고 생각할 수도 있다. 그러한 곳에 자신만의 씨앗을 심어라. 씨앗에서 싹이 트고, 싹이 나무가 되고, 그 나무는 땅을 살리듯 자신의 정체성이 형성되며 지평을 넓혀갈 것이다.

> **Life Surfing**
>
> 정체성 자본이란 자신의 말투, 스타일, 일하는 태도, 실력, 인성 등 자신을 형성하는 모든 것이다. 다양한 경험 속에서 정체성 자본을 발견하고 쌓아나갈 수 있다. 자신의 정체성 자본을 쌓아라.

생각의 방향은
삶의 방향을 정한다

생각은 미래의 씨앗

서핑을 타기 위해 바다에 들어가기 전 때론 커다란 파도에 두려움이 일어난다. 능숙한 서퍼라도 파도를 향해 무작정 달려가지는 않는다. 그전에 파도를 타는 방법을 생각하고, 상상 속에서 파도를 타는 모습을 그려본다. 마음을 정리한 뒤 파도로 다가가는 것이다. 그런데 두려움에 젖어 '나는 넘어질지도 몰라' 생각하면 그 생각이 그대로 현실이 된다.

현실이 생각을 따라가는 경우는 많다. 시험을 망칠 것 같다 생각하면 아는 문제도 실수로 틀리고, 못질을 하다 다칠 것 같다 생각하면 망치로 손가락을 내려치기도 한다. 그만큼 생각은 행동에 영향을 미친다.

출장 중에 어느 휴게소에서 만났던 아주머니가 책을 보고 있어 잠시 이야기를 나눈 적이 있었다. 아주머니 말씀 중에 인상적인 한마디. "저는 꿈이, 정말 조용하고 한적한 곳에서 슈퍼 하면서 책만 보면 좋겠다 했는데, 그대로 된 것 있죠. 정말 말이 무섭다니깐요." 말하는 대로 된다는 말은 결코 허황된 말이 아니다. 실제로 나도 경험한 적 있으며, 주변에서도 같은 경험을 한 사람들을 많이 목격했다.

성공한 사람들의 특징 중 하나는 긍정적인 사고와 마음가짐이다. 꿈과 목표를 이루어가는 과정에서 긍정적이며 적극적이었다. 성공한 사람들 중에 '저는 항상 두려워 피하고만 다녔습니다. 그래서 성공했습니다', '늘 실패할 것이란 압박감 속에서 성공했습니다' 이렇게 말하는 사람은 단 한명도 보지 못했다. 성공한 사람들에게는 그들만의 에너지가 있다. 그들과 함께 있으면 본인도 무엇인가 시도하고픈 의욕이 붙는다. 안 될 것 같은 일이 간단히 해결되기도 한다. 또한 그들은 부정적인 상황에 처했을 때 긍정적으로 상황을 전환하려는 사고를 한다. 부정적인 사람들과 실패로 두려움에 사로잡힌 사람들에게는 긍정 에너지를 불어넣어주며 적극적인 사고를할 수 있도록 돕는다. 그 도움을 받고 삶을 긍정적으로 변화시키는 이들을 많이 보았다. 살면서 겪는 문제 가운데 생각을 바꾸면 해결되는 문제가 의외로 많다. 비즈니스의 문제도 마찬가지다. 어떻게 바라보고 생각하느냐에따라 전략과 실행과제가 세워진다.

생각의 영역을 단련하라

생각의 영역은 여러 가지가 있을 수 있지만 꼭 단련해야 할 세 영역이 있다. 긍정과 지성과 영감이다. 청년의 시기에 우선적으로 이 세 영역의 질을 높이는 것이 필요하다.

먼저 긍정의 질을 높이는 방법에는 감사하는 습관이 있다. 감사가 습관화되지 않았다면, 의식적으로 마음속에 감사를 끌어들이자. 그것만으로도 삶에 이렇게도 감사한 것이 많았나 하는 생각이 들며 세상을 바라보는 프레임이 넓어질 것이다.

지성의 질을 높이는 방법 중 가장 손쉬운 것은 독서다. 다만 단순한 독서가 아니라 자신의 목표에 맞는 독서여야 한다. 리더의 자격이 있는 사람이라면 독서는 더욱 중요하다. 리더는 문제나 사고의 해결책을 제시하며 사람을 이끌어가야 하는데, 독서로 쌓은 지성이 그것을 도와줄 것이다.

지성이 낮은 사람은 지성이 높은 사람을 따라가기 마련이다. 그것은 사회의 원리 가운데 하나이다. 본인이 어떠한 지성도 소유하지 않았다면 이끌려가는 인생을 살아야 한다. 그렇기에 끊임없이 자신의 분야에 대한 지식을 학습해야 한다.

영감은 창조성과 동행한다. 빠르게 변화하는 트렌드 속에서 창조성은 중요한 역량으로 대두되는 추세이다. 이런 창조성은 영감에서 나온다. 예술 분야뿐만 아니라 기획, 영업, 마케팅, 운영 등 사실상 모든 분야에 창조성이 필요하다. 공학도도 예외가 아니다. 창조성으로 이어지는 영감의 질은 어떻게 높일까? 방법은 무수히 많다. 교육, 학습, 독서, 산책, 음악 감상, 텔레비전 시청 등 일상생활의 모든 활동에서 영감을 끌어낼 수 있는 것이다. 한 가지 특효가 있는 방법은 내면을 살펴보는 묵상이다. 묵상의 장소가 한적한 자연이라면 더할 나위 없이 좋다.

영감의 질을 높이는 방법이 차고 넘치므로 각자는 자신에게 맞는 자신만의 방법을 찾아내면 된다. 그것을 습관으로 만들면 더욱 좋다. 커피숍에 나가서 작업을 한다든가, 산책을 하고 일을 한다든가, 무엇이든 즉시 메모를 하고 그것을 모아 정리한다든가, 여행을 떠난다든가. 나의 경우 기도를 하면서, 여행을 떠나 묵상하면서, 커피숍에서 메모를 스케치하면서, 책들의 키워드들을 조합하면서 영감을 받는다.

긍정, 지성, 영감은 서로 연관되어 있는 경우가 많다. 부정적일 때 영감은 잘 일어나지 않는다. 지나친 스트레스는 지식을 습득하는 데 장애가 된다. 지성이 풍부하면 영적인 감각도 날카로워지고 세련되어진다. 영감 없는 지성은 무미건조하다. 이와 같이 세 가지 생각의 영역은 서로 영향을 주고받는다. 따라서 세 가지 영역이 순조롭게 어우러지고 있는지, 어느 한 가지가 처지고 있는지 않은지 세심하게 헤아리는 시간이 필요하다. 세 가지 영역이 모여 시너지 효과를 낸다면 일과 삶을 풍요롭게 만들어줄 뿐 아니라 내면의 세계가 건강해져 다른 사람에게 선한 영향력을 끼칠 수 있다.

생각이란 끊임없이 단련하고 훈련해야 한다. 특히 20대에 형성된 생각들은 이후의 삶에 큰 영향을 미치기에 젊은 시기에 더욱 훈련에 박차를 가해야 한다. 생각이 가지런히 정리가 된 사람은 자유롭다. 혼탁한 사상이나 세계관에 지배당하지 않는다. 정보의 홍수 속에서 분별력을 발휘한다. 문제를 해결할 방법을 스스로 찾아낼 수 있으며, 위기의 순간에 다른 사람에게 도움을 줄 수도 있다. 미안한 이야기지만, 평생을 공부하기로 결심하자. 생각의 질이 삶의 질을 결정한다.

피터 드러커는 죽을 때까지 평생 공부를 하며 현역으로 영향력을 미쳤다. 몸은 시간이 지날수록 연약해지고 죽어가지만, 생각은 시간이 지날수록 강해지고 살아 움직인다. 전 세계인들에게 영감을 주며 기업들의 변화를 이끌어낸 피터 드러커는 이를 증명한 인물이다.

나이 드신 분들이 현역에서 물러난 뒤 몸이 급속도로 늙어가는 것을 자주 본다. 무엇을 할지 몰라 방황하다가 생각까지 멈춘 탓이다. 나이가 많은 사람이든 나이가 어린 사람이든 경계해야 한다. 생각이 멈추는 순간 우리 몸은 급속도록 죽어간다는 사실을.

프랭클린 루즈벨트 대통령이 70세가 넘은 대법관 홈즈를 방문했다. 홈즈는 플라톤을 읽고 있었다. 루즈벨트가 "죄송한데 플라톤을 왜 읽고 계신지 물어봐도 되겠습니까?"라고 묻자 홈즈는 이렇게 대답했다.

"지성을 연마하기 위해 읽고 있습니다."

생각은 늙지 않는다.

Life Surfing

- 자신의 말과 생각은 자신의 삶이 된다.
- 생각은 행동의 방향을 결정한다. 성공한 사람들은 적극적이며 긍정적인 사고로 성공을 이룬 것이다.
- 젊은 시절 긍정, 지성, 영감의 칼날을 갈아라.

지금 무엇을 해야 할지 모르는 청년들에게 제안하고 싶은 것은 인생의 후반부부터 계획을 세워 보라는 것이다. 삶의 끝점에서 출발하는 계획은 삶을 향한 관점을 더 넓게 만들어 주며, 더 정확하게 접근할 수 있도록 도움을 준다. 인생을 역으로 계획함으로써 어떤 직장을 가야 할지, 무엇을 배울지, 어떤 경험을 가져야 할지 등에 대한 단서가 드러날 수 있다.

1단계 질문 - 60대 이후

- 나의 장례식장에 찾아온 사람들이 나를 어떠한 사람으로 기억해 주길 원하는가?
- 삶이 완벽하다면 어떠한 모습일까?
- 돈과 시간이 충분하다면 무엇을 하고 싶은가?

2단계 질문 - 40대 / 50대

- 이 시기에 의미 있다고 생각하는 일들은 무엇일까?
- 세상에 어떤 영향력을 펼치기 원하는가?
- 사람들이 나를 필요로 하는 이유는 무엇일까?

3단계 질문 - 20대 / 30대

- 무엇을 할 때 나는 가장 열정이 생기는가?
- 어떤 것을 볼 때 나는 뜨겁게 반응하는가?
- 내가 지금 배워야 하는 것은 무엇인가?

3단계 - 취업 설계	2단계 - 경험 설계	1단계 - 후반전 설계
현재 내가 해야하는 것들은?	갖추어야 할 경험 역량	하고 싶은 것
20~30대	40~50대	60대 이후
·	·	·
·	·	·
·	·	·
·	·	·
·	·	·

 Think

60대 이후 경제적으로 자유롭기를 원하는 사람이 많을 것이다. 그렇다고 돈에 집착하는 사람은 많지 않을 것이다. 돈은 중요하다. 그러나 삶의 가치와 의미를 발견하는 것이 더 중요하다. 이것을 일찍 깨달을수록 삶의 변화가 빠르게 일어나며 성장할 수 있다.

PART 6

파도가 칠 때는
서핑을

"준비됐어요?"

코치가 힘차게 물어 본다.

"아, 아직요……. 다음 거 탈게요."

"이번 거 타야 해요. 파도 엄청 좋아요, 준비!"

"잠시만요! 아직, 아직, 다음 거 탈게요."

"도대체 언제 탈 거예요? 좋은 파도 다 지나갔네!"

코치의 마음은 타들어가기만 한다. 수강생의 마음도 마찬가지다. 한 번 잘못 타는 순간 다시 파도를 뚫고 되돌아와야 한다. 그걸 생각하니 너무 신중해져서 시도가 미뤄진다.

인생에서 누구나 한 번쯤 기회가 찾아온다. 기회가 왔을 때 그것을 알아보는 능력은, 과감하게 붙잡는 능력은 본인이 얼마나 준비했는지에 따라 달라진다. 오래전부터 준비하고 꿈꿔 왔다면 기회를 즐길 수 있을 것이다. 아무리 멋진 파도가 오더라도 준비가 되지 않은 채 올라탄다면 그것은 재앙이 된다.

1
도전할수록 더 큰 파도가 매력적인 이유

행복은 내면에서

'어떤 삶이 가장 행복한 삶일까?'

나는 이런 고민을 하며 행복한 사람들을 찾아보았던 기억이 있다. 돈이 많은 사람, 친구가 많은 사람, 큰 집에 사는 사람, 여행을 자주 다니는 사람, 대중 앞에서 강의하는 사람, 자신이 행복하다고 자부하는 사람……. 많은 부류의 사람을 만나보았지만 행복에 겨워 사는 사람은 없는 듯했다. 본인이 행복하다고 믿는 사람들도 저만의 고민, 불행하다 느끼는 요소들을 품고 있었다.

나는 그런 만남들을 겪은 뒤 행복은 외면적인 것들에서 오는 게 아니라 내면에서 오는 것임을 깨닫게 되었다. "저 사람처럼 살면 얼마나 행복할까?", "저런 남자친구 있었으면 얼마나 행복할까?", "돈이 조금만 더 있으면 행복하겠어." 우리는 이런 말들을 수시로 내뱉는다. 하지만 돈, 이성친구, 누군가를 따라가는 삶 등은 결코 지속적인 행복을 주지 못한다. 갈망하는 것을 이루고 적응하는 순간 기쁨은 식어버린다.

즐거운 상상으로 미래를

멘토링을 하면서 상담자의 장점이나 재능을 발견하는 경우가 많다. 그러면 나는 내가 알고 있는 사례나 본보기가 될 만한 사람을 소개하며 미래에 대한 가이드를 준다. 하지만 상담자는 그것을 모두 받아들이지 못한다. 멘토와 함께 있을 때는 동기부여가 되어 도전 의지를 강하게 내비치지만, 집에 돌아가는 길에서부터 보잘것없는 자신의 현재 모습을 떠올리며 한풀 꺾인다. 꿈에 어울리지 않는 자신의 모습에 참을 수 없는 부끄러움을 느끼기도 한다. 가장 큰 적은 자신이다. 이 적에게 등을 보이는 순간 행복은 멀어진다.

멘토인 나 역시 현실의 나에게 가장 방해를 받았다. '나도 제대로 못하면서 무슨 멘토링이야?' 이런 질문이 끊임없이 차올랐고, 나 스스로 너무도 보잘것없다는 생각에 휘청거렸다. 그럴 때마다 나의 사명을 되새기고, 상담자 즉 사람에 대한 진심을 부추기며 스스로에게 동기부여를 했다. 그렇게 내 자신과 싸웠다.

자신과의 싸움은 큰 도전이다. "내가 뭘 할 수 있겠어. 대충 살자.", "이제까지 매번 실패만 했는데 뭘 또 해." 이런 태도로 도전을 피하면 오히려 좌절만 계속된다. 자신을 타인으로 여기고 스스로를 다독여보자. 가장 사랑하는 사람을 위로한다고 생각하면서 자신을 응원해보자. "네가 진짜로 해내면 저 사람들 표정이 어떨까?", "한번 해 봐. 실패하더라도 재미는 있을 거야."

자신만의 즐거운 상상으로 미래를 꿈꿔 나가야 한다. 누구도 자신의 꿈과 미래를 막지 못한다. 자신이 허락하지 않는 한 누구도 방해하지 못한다. 미래는 상상에서 시작되고, 믿음으로 자라나며, 상상과 미래를 간직하는 삶 가운데 피어난다.

농부는 논에 씨앗을 뿌릴 때 여름에는 푸른 벌판이 펼쳐지고, 가을에는 황금색으로 물결치는 풍경을 상상한다. 그 상상이 이루어지리라 믿으며 날마다 물을 주고 잡초를 뽑으며 논을 가꾼다. 그런 시간이 튼실한 곡식을 거둘 수 있는 환경을 만들어낸다. 만약 농부가 황금빛 벌판을 마음속에 꿈꾸지 않고 자신이 뿌린 씨앗에 믿음을 가지지 못했다면 결코 그 씨앗은 건강하게 자라나지 못했을 것이다.

꿈은 소중하게 간직하고, 믿음으로 그 꿈을 바라보아야 한다. 믿음으로 가꾸는 꿈은 무럭무럭 자라나며, 비록 더디게 자라더라도 알찬 열매를 맺을 것이다.

자신을 믿고 꿈을 기대하라

서퍼는 작은 파도에 익숙해질수록 더 큰 파도를 기대한다. 처음부터 큰 파도를 기대한다 해도 오랜 시간에 걸쳐 작은 파도들에 적응해 나가는 과정은 피할 수 없다. 여하튼 그렇게 단계를 조금씩 높여나가면, 두려움의 파도는 즐거움의 파도가 된다. 파도가 높아지는 것은 결국 자신이 높아지는 것이다. 높아진 자신 앞에는 꿈이 마주하고 있을 것이다.

꿈은 자신의 것이다. 자신의 무의식에서 의식적으로 만들어나가는 과정에서 현실로 이어진다. 확신을 가지고 밀고 나가야 한다. 그 누구에게도 꿈을 빼앗기지 말아야 한다. 삶의 바다에서 밀려오는 파도들에 맞서며 더 높은 파도를 기대해야 한다. 언젠가는 그토록 원했던 파도가 돌진해올 것이다. 그 파도를 놓치지 말아야 한다. 그것을 잡을 수 있는 용기와 능력은 오랜 시간 가꿔온 믿음에서 비롯된다.

과거에 대한 두려움을 이겨내고 기대와 믿음으로 미래를 향해 나아가자. 그런 사람에게 세상은 기회의 장을 마련해준다. 생각의 변화가 자신을 변화시키고 세상을 변화시킨다. 생각, 그리고 생각을 바꾸는 힘은 신이 인간에게 내린 고유한 축복이다. 내면의 '나'를 묶고 가두는 것은 바로 자신이라는 것을 깨달아야 한다.

미래를 기대하며 무엇이든 시도해야 한다. 커다란 시도가 아니어도 좋다. 지금 할 수 있는 작은 일부터 시도하면 점차 파장이 커진다. 도전은 두렵고 낯선 법이지만 도전자에게 그 두려움과 낯섦은 익숙함이 된다. 그 익숙함은 꿈을 이룰 수 있는 힘을 만들어낸다. 우리의 삶은 변화해나가야 한다. 끊임없이 변화를 추구하는 삶은 분주하고 복잡하며 여유 없는 삶이 아니다. 삶의 질을 더 높여주고 의미와 가치를 부여해주는 삶이다.

Life Surfing

- 행복을 내면에서 찾아라.
- 꿈의 씨앗에 긍정의 물을 뿌려라.
- 믿음을 잃지 않는 한 본인이 생각하는 그 이상의 것을 할 수 있다.
- 변화를 추구하는 사람이 꿈을 이룬다.

2
마음먹은 만큼,
도전하는 만큼

Top보다는 Pro를

성공에 이르는 길은 결코 순탄하지 않다. 우리 주변에는 우리를 좌절시키는 걸림돌들이 많다는 것을 알고 준비해야 한다. 꿈과 목표가 크면 클수록 필요한 요소도, 방해 요인도 더욱 많아진다. 이러한 것들은 도전하는 것을 꺼리게 만든다. 성공의 세계에서는 한번 해볼까 하는 태도로는 절대 성공할 수 없다. 반드시 해내자 하는 태도를 갖춰야 한다. 또한 성공이란 것의 의미를 어디에 둘 것인지는 각자의 몫이겠지만, 자신의 성장이라는 것을 성공의 한 요소로 넣을 필요가 있다.

외형적으로 멋지게 보이는 성공을 향한 도전은 그 과정도 힘들고 결과도 허무할 가능성이 높다. Top을 지향하기보다 Pro를 지향하며, 자신의 재능과 역량의 향상에 집중해야 한다. 내면적인 탁월함을 추구하는 과정 속에서 외형적인 성숙함도 드러나기 마련이다. 외형적으로 자기를 확대하고 표현하는 데 힘쓰면 비교 의식 속에 빠져 자신을 불행하게 만든다.

Pro를 지향하는 것이 거창한 것은 아니다. 학생이라면 공부와 진로 설정에, 직장인이라면 업무, 프로젝트, 지시 사항 등에 대해 적극적으로 임하는 것이다. 최선을 다해 임하면 Pro가 되며, 자신도 모르는 사이 Top도 된다.

과거가 만든 나, 현재가 만들어낼 미래

도전은 스스로 만들어내는 것이다. 목표를 성취해 나가겠다는 의지, 이것을 누가 만들어 줄 수 없다. 또한 어디까지 도전할 것인가 여부도 자신이 결정해야 한다. 그러는 과정에서 더 가슴이 뛰며, 자신을 더 깊이 볼 수 있다.

본인의 인생을 돌아보자. 과거의 도전들을 통해 자신이 만들어진 것임을 깨달을 수 있을 것이다. 좋지 않은 도전들은 좋지 않은 '나'를, 좋은 도전들은 좋은 '나'를 형성한다. 개인적으로 서핑에 도전했던 나는 서핑을 경험했던 만큼 실력을 늘렸고, 나아가 삶을 대하는 자세도 변화시켰다. 독서와 교육에도 열심을 낸 덕분에 효율적으로 업무를 하는 사회인이 되었다. 본인이 꿈꾸는 만큼, 도전하는 만큼 새롭게 변화하고 새로운 '나'를 형성한다. 아무 생각 없이 현재를 보내고 있다면 지금과 같은 모습으로 미래에 남아 있을 것이다. 하지만 무엇인가 나아가기 위해 꿈틀거린다면 미래의 '나'는 활기차게 움직일 수 있을 것이다.

지금 누구와 경쟁하고 있는가? 옆 사람? 후배? 경쟁사? 이런 경쟁에 몰두하면 삶이 피곤해진다. 상대의 발전에 늘 전전긍긍하게 되고 눈앞의 결과에만 매달리게 된다. 나 역시도 그런 사람이었으며 빠져나오는 데 오랜 시간이 걸렸다. 자신의 꿈, 자신의 미래와 경쟁하는 것이 가치 있는 경쟁이다.

르네상스의 거장 미켈란젤로가 자신이 만든 다비드상을 보고 있었다. 완벽한 조각을 감상하고 있을 때 누군가 와서 그에게 물었다.

"이 시대에 자네를 뛰어넘을 자는 없을 것 같네. 자네의 경쟁상대는 누구인가? 라파엘로? 레오나르도 다빈치? 대체 자네는 누구와 경쟁하는가?"

그러자 미켈란젤로가 대답했다.

"그 누구도 나의 경쟁상대가 아니라네. 내가 경쟁하고 있는 사람은 저 조각을 만든 미래의 나라네."

미켈란젤로는 가치 있는 경쟁이 무엇인지 알고 있었다. 그것이 그를 위대한 예술가로 만든 힘이다.

배우고 싶은 것이 있다면 배움을 시작하자. 탐험을 꿈꾼다면 탐험가들의 모험담에만 만족하지 말고 짐을 꾸려 떠나자. 이를 막는 두려움이 있다면 정면으로 응시하며 맞닥뜨리자. 때로는 도전과 모험이 어리석은 행동으로 비치기도 한다. 그 시선 때문에 주저하기도 한다. 특히 이전에 실패했던 것에 다시 도전할 땐 망신을 당할까봐 걱정될 수도 있다. 이러한 것들은 과정과 노력보다 결과에 치중하는 사람들의 사고에서 나온 것이다. 과정에서 최선을 다해도 언제나 성공하는 것은 아니지만, 그래서 안타깝지만, 과정에서 얻을 수 있는 부분이 분명 있다. 그것은 성장한 자신이다.

앞서 경진건 대표님과 떠난 홍콩 비즈니스 트립의 경험담을 소개했었다. 리무진 버스로 이동하고 가이드에게 안내를 받으며 해외를 탐방하는 보통의 비즈니스 트립과 달리 모든 일정을 혼자 힘으로 해냈던 그 여행. 덕분에 낯선 곳의 정보를 더 면밀히 분석할 수 있었고, 새로운 환경에 빨리 적응할 수 있는 적응력을 얻게 된 체험. 청춘의 시기엔 이 비즈니스 트립처럼 살아볼 만하다. 새로운 도전들이 처음은 어색하고 어려울 수 있지만 도전해나가는 과정에서 빛나는 부석들을 얻을 수 있을 것이다. 자연스럽게 꿈이 이루어졌거나, 바로 눈앞에 와 있는 것을 목격할 것이다. 미래의 '나'를 반갑

게 맞이할 수 있을 것이다.

고통이 심해지는 순간 성공이 다가온다

오랜 시간을 투자해도 도전의 끝이 보이지 않을 수 있다. 답이 없는 것들에 시도해야만 하는 상황에 처할 수도 있다. 예측하지 못한 역경들이 곳곳에서 튀어나올 수도 있다. 사람들의 비판과 조롱에 시달릴 수도 있다. 이 모든 것들이 삶을 고통스럽게 만들 수도 있다. 그러나 생각을 전환하자. 이러한 고통을 자신이 살아있다는 증거로 삼으며 용기 있게 나아가자.

"어떤 상황에서도 계속하는 것! 그것이 보통사람의 인생을 특별하게 만든다!"

　　　　　　　　　　　　　　　　　　　　　　　　　－폴 포츠

고통이 심해지고 있다면, 그것은 성공에 다가오고 있음을 알려주는 신호이기도 하다. 고통을 넘는 순간 목표했던 바가 나타기도 한다. 바다에서는 가장 마지막 파도가 가장 거칠다. 산모는 분만의 순간에 가장 큰 고통을 겪는다. 성공 직전에 고통이 동반되는 것은 어쩌면 거부할 수 없는 진리인지도 모른다. 이 진리에 순응하는 것이 진정한 용기이다. 용기는 전쟁터의 용사에게만 요구되는 것이 아니다.

청춘이여, 용기를 내자!

• 타인과 경쟁하지 말고 자기 자신의 미래와 경쟁하라.

• 타인의 비난이나 조롱을 두려워하지 말고 용기 있게 이겨내라.

• 고통이 심해지는 순간 성공이 가까워지고 있다는 것을 인식하자.

3
감사함으로 바라볼 때 세상은 기회다

왜 감사하지 못하는가

부모들은 보통 '엄마', '아빠' 다음에 '고맙습니다'라는 말을 가르친다고 한다. 전 세계 부모들의 공통점이라고도 한다. 나의 부모님도 그랬는지는 모르겠다. 여하튼 어린 시절 손님들이 칭찬을 해주거나 용돈을 쥐어주면 감사 인사를 드리라고 교육하셨다. 감사는 인류의 유산이다. 한국의 젊은 이들도 부모가 되면 자녀들에게 감사를 가르칠 것이다. 고대부터 현대까지 사람이 감사를 지켜오는 이유는 감사에 행복의 비밀이 숨어 있기 때문이다. 감사는 긍정적인 관점의 결정체이다. 인생에서 우리를 괴롭히는 것은 사건과 환경이 아니다. 그것들을 바라보는 관점이 우리를 즐겁게도, 괴롭게도 만든다.

한때 나는 부정적인 시각으로 인해 모든 것에 불만이었던 시간이 있었다. 내 안에 불만이 가득해지며 일의 만족감과 성취감 또 인간관계가 무너져내리는 것을 경험했다. 부정적인 생각은 중독성은 물론 전염성까지 있다. 그리고 마음속에서 감사를 앗아간다.

감사하지 못하는 삶은 사람을 외롭고 불행하게 만든다. 감사하지 못하는 이유는 여러 가지가 있다. 그중 세 가지만 꼽아본다.

1) 분주함-일상이 바쁘고 복잡해 감사를 생각할 틈이 없는 것이다. 이런 경우 5분만 시간을 내서 하루를 돌아보아도 나아진다. 감사한 것들이 넘쳐나는 것을 알 수 있다.

2) 비교의식-다른 사람과 비교하는 순간 자신에게 주어진 것들이 보잘것 없고 사소해 보인다. 감사는 자신에게 주어진 것에 만족할 수 있어야 한다. 비교는 항상 자신을 비참하게 만든다.

3) 내면의 상처-내면에서 치유되지 않은 과거에 사로잡혀 현재를 감사 하지 못한다.

'3)내면의 상처'는 나에게도 해당된다. 나는 사람에 대한 상처로 사람들과 깊은 관계를 맺지 못했고, 상대방에게 감사하지 못했다. 상대의 호의에 순수하게 반응하지 못했던 것이다.

이들 외에도 감사하지 못하는 이유가 많지만, 본질은 교만함이라고 본다. 교만은 감사를 밀어낸다. 마땅히 주어진 것이라고 여길 때, 당연히 일어난 일이라고 믿을 때, 모든 것은 내 뜻대로 이루어져야 한다고 생각할 때 감사를 느낄 수 없다. 교만은 주변 사람들이 다가오는 것도 어렵게 만든다. 그렇게 되면 당연히 좋은 스승, 좋은 친구, 좋은 멘토를 만나기 어렵다. 감사는 사람을 모이게 만들고, 모인 사람에게 긍정적인 영향력을 퍼뜨린다.

감사는 인생에 주어진 것들을 해석하는 능력이다. 그 능력을 향상 시킬 때 삶은 더 많은 감사로 넘쳐나고 내면은 긍정으로 풍성해진다.

감사를 시작하자

밤하늘을 가만히 보고 있으면 처음에는 별들이 드문드문 있다가 하늘이 열리듯 하나둘씩 짝지어 나타나며 반짝인다. 검은 하늘이 별천지가 되는 광경. 그 광경을 자세히 보면 볼수록 더 많은 것을 보게 된다. 밤하늘의 색 다름뿐만 아니라 추억, 그리운 얼굴, 그리고 소원까지.

삶을 깊이 들여다보면 감사가 드러날 것이다. 무슨 감사할 게 있겠어, 하는 마음으로 들여다보더라도 시간이 지나면 감사거리가 넘쳐나는 것을 경험하게 될 것이다. 에릭 호퍼는 "세상에서 가장 어려운 산수가 있다면, 그것은 바로 우리에게 주어진 축복을 헤아리는 것이다"라고 말했다. 행복은 자신의 내면에, 감사하는 마음에 있음을 일깨워주는 말이다. 적극적으로 감사하며 사물을 긍정적으로 보려는 태도는 삶의 질을 높인다, 행복해지려고 결심한 만큼의 행복을 얻을 수 있다.

작은 것, 소박한 것부터 감사를 시작하면 감사하는 습관을 들일 수 있다. 나는 일기를 쓸 때 매일 5개의 감사를 의식적으로 적곤 했었다. 아무리 하루가 엉망이어도 감사한 것이 없었던 날이 없었다. 감사를 시작해보자. 아무리 쥐어짜내도 정말로 감사한 것이 없다면 지금 그대로의 모습에, 지금 살아있다는 것 에 감사할 수도 있다. 의식하고, 하루를 돌아보고, 주변을 찾아보자. 감사한 것들이 가득하다는 것을 느낄 수 있을 것이다.

라이프 서핑

감사 바이러스 VS 불만 바이러스

감사와 불만은 둘 다 전염성을 지니고 있다. 그래서 때로는 주변의 부정적인 사람들로 인해 자신의 긍정성을 방해 받을 수도 있다. 그럴 때에는 잠시 멀리해도 괜찮다. 불만으로 가득한 사람들과 함께 있기보다 긍정으로 감사하는 사람들과 어울릴 때 더 행복한 삶을 유지할 수 있다. 불만들 가운데 빠져 있다 보면 자신도 모르게 불만에 전염된다.

직장생활을 하는 사람이라면 항상 뒤에서 수군거리는 소리를 들으며 지낼 것이다. 직원들이 서로 불만을 털어놓거나 누군가를 비난하며 스트레스를 해소하는 소리다. 이런 맛에 직장생활을 버티는 사람도 있다. 서로 뒷담화를 나누는 것이 당장은 속이 풀리고 시원할지 모르지만, 결국 그것은 자신뿐만 아니라 다른 사람도 파괴하는 것이다. 불평불만으로 가득한 사람과 감사로 가득한 사람의 업무 성과는 차이가 난다. 행복지수도 확연히 다를 뿐더러 미래도 분명히 다르다.

비난과 불평에 젖은 사람들로 둘러싸여 있다면, 조용히 빠져나와서 자신의 신념을 유지해야 한다. 삶에 감사하며 희망을 품고 사는 사람들을 동경하며 그들의 삶의 양식을 배워야 한다. 그렇게 터득한 삶은 자신뿐만 아니라 다른 사람에게도 선한 영향을 미친다. 자신을 긍정적으로 보며 자신이 깨달은 감사를 다른 사람에게 전파할 때 감사는 전이가 된다. 전이 받은 사람의 마음에서도 감사의 씨앗이 자라나는 것이다. 돈은 나누면 반이 되지만 감사는 나눌 때 배가 된다.

감사를 전파하는 유지미 기자는 본인의 저서 《100감사로 행복해진 지미 이야기》에서 자신의 삶을 변화시킨 한마디를 소개했다.

"하루 5가지 감사로 부족하다. 인생을 바꾸려면 하루 100가지 감사를 쥐어짜내야 한다."

감사는 사소한 것부터 거대한 것까지, 생각날 때까지 억지로 쥐어짜고 짜야 한다. 그러다 보면 감사가 체질화 된다.

나는 감사일기를 쓴다. 일기를 쓸 때 때로는 감사한 것이 잘 안 떠오르기도 한다. 그럴 때는 '점심 먹을 수 있어서 감사', '집에 잘 들어와 쉴 수 있어 감사' 이렇게 사소한 것들을 적는다. 그런데 이런 항목들이 어느 누군가에는 간절히 원하던 삶의 일부일 수도 있다. 나는 그것을 아무렇지 않게 누렸으니 감사가 더 커질 수밖에 없다.

언젠가 필리핀 봉사활동을 갔을 때였다. 필리핀에는 하루 세 끼를 먹지 못하는 이들이 너무도 많았다. 나는 혼란스러웠다. 당장 배가 고픈데, 삶을 긍정적으로 본다고 감사를 불러일으킬까? 감사가 긍정적으로 사람을 바꿀까? 하지만 그들은 긍정적이었고, 감사하는 삶을 살고 있었다. 감사를 의도적으로 삶에 불러올 때 삶이 어떻게 달라지는지 그들은 몸소 보여주었다.

지금 만약 힘들고, 마치 상자에 갇힌 듯 답답하더라도 감사를 적어나갈 것을 권한다. 감사의 패러다임으로 세상을 보기 시작하면 세상이 달라 보일 것이며, 삶이 새로워질 것이다.

사람은 누구나 사랑받고 싶어 하며, 칭찬받고 싶어 하며, 감사받고 싶어 한다. 청춘의 시기에 이 좋은 것들을 나누고, 베풀고, 뿌리고 싶은 마음은 없는지 묻고 싶다. 감사라는 소중한 유산을 고이 전하는 전도사로 살아가기를 권하고 싶다. 비록 지금 힘들지라도.

- 자신의 삶에 감사함으로 바라볼 때 세상은 행복해진다.

- 감사와 불만은 전염성을 가지고 있다. 무엇을 퍼트릴지는 자기 자신이 결정한다.

- 감사는 자신의 꿈에 물을 주는 것과 같다.

4
다음 세대를 위한 도전들

변화의 한가운데에서

몇 해 전 이세돌과 인공지능 알파고와의 바둑 대국에 세상이 떠들썩했었다. 이 경기에서 이세돌은 3판 중 1판을 이기고 2판은 졌다. 인공지능의 발전이 세계적으로 충격을 준 대결이었다. 새로운 시대에 어떻게 대처해야 할지 세상 곳곳에 긴장감을 주었던 사건이었다. 비즈니스계는 인공지능과 빅데이터, 3D 컴퓨터, 로봇의 실용화 등 앞으로의 발전에 마음속 부담감을 지게 되었다. 무엇보다 충격을 받은 것은 교육계였을 것이다. 교육계는 시대 흐름에 따라가지 못하는 커리큘럼과 인공지능 시대의 적응법에 대해 고민에 빠졌다.

당시 내가 몸담고 있던 회사도 세상이 어떻게 변화할지 지켜보며 관련 자료를 모으는 등 준비에 나섰다. 취업 준비생들도 몹시 혼란스러워했다. 지금껏 공부하고 준비해온 것들이 이제 사회에서 사라질 것이라는 위기감, 안정적이라고 생각했던 것들이 더는 안전하지 않다는 허탈감을 느낀 것이다. 새로운 시대는 열렸다. 젊은이들은 그 변화의 한가운데에 있다. 미래는 누구도 살지 않은 시대이기에 미래에 대한 정답은 없다. 이런 상황에서도 리더들은 어떻게 세상을 이끌까?

여러 가지 노하우가 있겠지만 크게 두 종류의 리더십이 시대를 이끌고 있는 듯하다. 먼저 새로운 시대에 맞는 신기술과 첨단정보를 재빨리 익힌 뒤 남에게 전수하는 리더십이다. 다른 하나는 새로운 시대가 주는 두려움을 정복할 수 있도록 용기를 불러일으키며 영감을 주는 리더십이다. 두 가지 모두가 유익한 리더십이지만 굳이 우선순위를 가리자면, 후자 쪽이라고 본다. 리더는 새로운 시대의 한복판에 놓이는 이들에게 먼저 두려움을 정복할 수 있도록 교육하고 동기부여 해야 한다. 새로운 시대의 틀에 수동적으로 맞추지 않게, 자신들의 재능과 내면의 가치로 무장해서 제 역할을 해낼 수 있게 독려해야 한다. 이전의 산업화 시대에는 표준화와 전문화가 우세했다면, 이제는 각 개인 내면의 가치를 표현하며 소통하는 방식이 더 높은 가치로 평가받을 것이다.

우리의 시대에 우리에게 주어진 과제들에 도전하고 스스로 풀어내자. 이 세상은 우리가 유산으로 받은 것이다. 그러므로 우리는 잘못된 것은 고치고, 좋은 것들은 유지하고, 앞으로 도움이 될 것들은 창조해서 다음 세대에 넘겨줄 의무가 있다.

공부해서 남을 주자

독서포럼 〈나비〉의 공식 구호는 '공부하여 남을 주자'이다. 옛날에는 "공부해서 남 주냐?" 하며 동기를 심어주었다. 그러나 〈나비〉에서는 공부해서 남 주기를 권장한다. 독서모임에서 가장 학습이 잘되는 시간은 자신이 알고 있는 지식을 타인에게 전달할 때이다. 그때 지식이 정리되고 확장되는 것을 경험한다. 우등생들은 모르는 것을 물어오는 친구에게 가르쳐 줄 때 본인도 공부가 된다는데, 이와 같은 이치다.

지식이 개인의 미래만을 위해 쓰이는 것은 바람직하지 않다. 타인에게 영향력을 미치는 것이 바람직하다. 남에게 주려는 마음을 가질 때 지식은 그 의미가 배가된다. 선물도, 사랑도 받을 때보다 줄 때 더 행복하지 않은가. 지식도 마찬가지다. 다음 세대를 위해 선물보따리를 풀 듯 지식을 풀자.

독서포럼 〈나비〉를 운영하며 많은 대학생들과 청년들을 만난다. 고민을 상담해주기도 하고 교육을 해주기도 한다. 그런데 바쁘고 지칠 때는 내 자신이 별 의미를 느끼지 못하기도 했다. 또한 의지가 부족해서 넘어지는 친구들을 보면 시간을 투자했던 것들이 허무하게 다가오기도 했다. 그럼에도 불구하고 나는 청춘들과의 만남을 지속하고 있다. 그 만남이 그들에게도 유익하지만 나에게도 유익한 것임을 깨달았기 때문이다. 누군가를 돕는 것은 손해가 아니다. 비록 물질적 이익이 눈앞에 나타나지 않더라도 삶을 건강하고 행복하게 만들어준다. 그것만큼 큰 이익이 어디 있겠는가. 끊임없이 배우면서 후배들에게, 자녀들에게 무엇을 남겨 줄 것인지를 고민하자. 그 고민이 자신을 성장시키고 삶의 의미를 보여줄 것이다. 남에게 주기 위해 공부하는 삶은 보석 같은 삶이다.

마지막은 사람이다

주변에 자신과 함께 나눌 수 있는 건강한 공동체를 만들어나가는 것이 좋다. 정기적으로 만나며 허물없이 뭉그적거릴 수 있는 사람들을 주위에 만드는 것이다. 그들과 함께할 때 삶은 더 의미 있고 풍성해진다. 라이프스타일도 비슷하다면 더할 나위 없이 좋다. "너무 바빠 사람 만날 여유가 없어요", "주변에 마음 맞는 사람도 없어요"라고 말할지 모르겠지만 노력은 해보자. 한 가지 새겨야 할 점은 공동체에서 무언가를 얻으려는 마음보다 무언가를 나누고 베풀려는 마음을 우선해야 한다는 것이다. 그렇게 하면 자연스레 귀한 것을 얻게 될 것이다. 삶은 기쁨으로 가득 차고 평안해질 것이다.

《목적을 이끄는 삶》의 저자 릭 워렌은 많은 사람의 임종을 곁에서 지켜본 뒤 다음과 같이 말했다.

> "죽음으로 들어갈 때 단 한사람도 자신이 일생에서 이룬 졸업장이나, 통장, 메달, 금시계를 보여 달라고 하는 것을 본 적이 없다. 삶이 마무리 되고 죽음이 다가왔을 때 그들이 원한 것은 물건이 아니라 우리가 사랑하고 관계를 맺었던 사람들이다. 인생의 마지막에는 모든 사람들이 자신이 관계했던 사람이 전부라는 것을 깨닫는다."

자신이 성취한 것들을 무덤으로 가져가는 사람은 없다. 마지막 순간이 되면 함께 사랑을 나누었던 사람들과의 추억을 가져가고 싶을 것이다.

고등시절부터 친했던 정규라는 친구가 있다. 정규 아버님은 항상 나를 보면 의리 있는 부산사나이라며 좋아했다. 그런 정규 아버님이 여생이 다해가고 있음을 예측했는지 남자들끼리 한번 여행을 가보자고 제안했다. 우리는 그 제안을 실행에 옮겼다. 아버님만이 아는 숨겨진 곳에서 낚시를 하고, 맛있는 음식도 먹었다. 아버님은 사나이들끼리의 여행에 대만족하며 즐거워했다. 하지만 그다음 해 암이 재발되어 병원에 입원을 했다. 상태가 너무 심각해서서 마음의 준비를 해야만 했다. 돌아가시기 직전 그분을 찾아가 인사를 드리며 눈을 마주치는데, 함께 여행했던 시간이 떠오르며 슬픔이 올라왔다. 정규 아버님도 그 때를 떠올리는 것 같았다. 눈빛으로 "너희들과 함께 여행 가길 참 잘했어. 정말 좋았다"라고 말하는 것 같았다.

인생에서 축복이란 사람들과 어울리며 즐거움을 느끼는 것이다. 너무 바빠서 이런 시간을 보내지 못한다면 나중에 후회의 시간을 가질 수 있다. 지치고 외로울 때 찾아갈 곳은 사람이다. 자신의 일에 애정을 갖고 열정을 다하는 것도 물론 중요하지만 사람들과의 관계를 소홀히 하지 말자.

자신에게 주어진 것을 나누어주는 삶

장점들을 나누며 살아가야 한다. 배우고 경험한 것들을 후배들에게 물려줄 수 있어야 한다. 좋은 것은 대물림되어 다음, 또 다음 세대를 풍성하게 만들 것이다. 개인주의 사회에서 이러한 노력들이 쓸모없어 보이거나 어리석게 보일 수도 있다. 심지어 진의를 의심받을 수도 있다. 그래도 나눔의 의지를 굽혀서는 안 된다.

시간을 나누어주는 것이 중요하다. 시간은 사랑의 표현이기도 하다. 누구를 만나든 그 사람에게 시간을 투자하면 긍정적인 관계로 발전할 가능성이 높다. 기성세대라면 특별히 젊은 세대를 위해 시간을 투자했으면 한다. 청년들에게 무엇을 가르치려 들기보다 그들과 함께 있어주며 공감해주는 자세가 어른에게 필요하다. 청년들의 삶을 기다려주는 것 역시 중요하다. 사사건건 다그치고, 하나하나 바로잡으려 하면 뜻을 펼치기 어렵다. 젊은 이들은 답을 잘 몰라서, 도전의 결과가 두려워서 의지할 대상을 찾는 경우가 많다. 기성세대로서 든든한 버팀목이 되어준다면 청년들은 두려움을 이겨내고 스스로 자신의 길을 찾아간다.

단 한사람을 변화시키면

독서포럼 〈나비〉를 몇 년간 운영하며 가장 힘들었던 것들 중의 하나는 참석자 수였다. 사람이 많은 날은 왠지 잘한 것 같고, 사람이 적으며 왠지 힘이 빠지곤 했다. 어떻게 하면 잘 운영할 수 있을까를 고민하다가 피터 드러커의 《비영리 단체의 경영》이라는 책을 보게 되었다. 〈나비〉는 비영리 단체이기에 도움이 되겠다는 기대로 읽어나갔다. 기대는 적중했다. 우연히 잡은 그 책에서 일과 삶에 핵심이 되는 개념을 얻을 수 있었다.

책의 첫 부분에 기업의 목적에 대한 정의가 나왔다. 저자 피터 드러커는 기업을 일반기업, 정부기업, 비영리기업, 이렇게 3가지로 분류했다. 그리고 각 기업의 목적에 대해 이렇게 정의 내렸다.

> "일반기업의 목적은 영리를 추구하는 것이며, 정부기업은 정책의 안정적인 정착이다. 그리고 비영리기업의 목적은 '한사람의 변화'이다."

이 말이 가슴 깊이 박혔다. 이것을 독서포럼 〈나비〉에 적용하면 독서모임이 추구해야 할 목적은 참석자의 수가 아니라 참석자의 변화였다. 즉 사람이 많이 왔다고 좋아할 일도, 적게 왔다고 좌절할 일도 아니었다. 우리의 모임을 통해 단 한사람이라도 변화를 일으켰다면 그것으로 우리의 모임은 그 역할을 다한 것이었다. 이후 나는 참석자 수에 연연하지 않았다. 그리고 모든 교육 행사나 프로그램을 '변화'라는 목적 아래 구성했다.

변화된 사람은 무엇인가 보상받을 것에 대해 계산하지 않고 자신의 것을 세상에 뿌린다. 그 나눔을 받은 사람은 또 다른 이에게 나눔을 되풀이하기 마련이다. 그렇게 선한 영향력이 퍼져가면서 사회는 변화한다. 때로는 나눔의 삶을 실천하면서 상처도 받고 의욕을 잃기도 하지만 굴하지 않고 지속해나가야 한다. 본인이 바로 세상을 변화시키는 주인공이므로.

미국의 캔트케이스Kent M. Keith라는 사람은 대학시절 〈그래도〉라는 시를 썼다. 이 시는 '역설적인 명령'이란 제목으로도 알려져 있는데, 사회에서 믿음을 안고 자신의 길을 갈 것을 제안하고 있다.

그래도

사람들은 때로 변덕스럽고 비논리적이고 자기중심적이다.
그래도 그들을 용서하라.

네가 친절을 베풀면 이기적이고 숨은 의도가 있다고 비난할지도 모른다.
그래도 친절을 베풀라.

네가 정직하고 솔직하면 사람들은 너를 속일지도 모른다.
그래도 정직하고 솔직하라.

네가 오랫동안 이룩한 것을 누군가 하룻밤새 무너뜨릴지도 모른다.
그래도 무언가 이룩하라.

네가 평화와 행복을 누리면 그들은 질투할지 모른다.
그래도 행복하라.

네가 오늘 행한 선을 사람들은 내일 잊어버릴 것이다.
그래도 선을 행하라.

네가 가지고 있는 최상의 것을 세상에 내줘도 부족하다 할지 모른다.
그래도 네가 갖고 있는 최상의 것을 세상에 주어라.

캔트케이스는 이 시를 대학교 안에 퍼트렸다. 그리고 몇 년이 흐른 후 우연히 마더 테레사가 운영하던 '어린이 집'에 이 시가 새겨져 있는 것을 발견했다. 그의 작은 나눔이 홀씨처럼 퍼져 한 사람의 인생에 영향을 미치고 세상에 영향을 미치는 결실을 맺은 것이다.

본인의 노력이 본인의 세대에서 업적으로 이루어지지 않을 수도 있다. 또 본인이 나누어주는 대상에게서 일어나지 않을 수도 있다. 그래도 본인에게 있는 것들을 선한 의도로 흘려보내야 한다. 선한 영향력으로 세상을 변화시킨다는 믿음을 가지고 나누어야 한다.

Life Surfing

• 우리는 타인을 위해 끊임없이 공부해야 한다. 이것이 가장 빨리, 많이 성장할 수 있는 방법이다.

• 인생의 축복이란 사람들과 함께 어울리며 사랑하는 것이다.

• 한 사람을 변화시키면 세상이 변화한다.

5
파도가 칠 때는 서핑을

사람들에게 환영받는 가치

미국 캘리포니아에는 바닷가 언덕에 위치한 한 회사가 있다. 이 기업의 문화는 매우 독특하다. 직원들이 파도가 들어오면 일하던 것을 멈추고 서핑을 타러 나가는 것이다. 기업은 이런 행동을 지적하기는 커녕 오히려 독려 한다. 이 기업은 파타고니아 스포츠 의류 회사이며, 이 자유로운 기업 문화를 만든 장본인은 기업의 CEO, 이본 취나드다.

이본 취나드는, 파도는 몇 시 몇 분에 정확하게 때를 맞춰 오는 것이 아니기에 직원들이 자유롭게 파도를 즐기게 둔다고 한다. 그리고 그런 자유 속에서 일하는 직원들은 아주 즐거운 기분으로 창의적인 생각들을 펼쳐낸다고 한다. 이본 취나드는 기업인들 사이에 이단아 같은 사람이다. 모든 사람이 자신의 제품을 사라고 할 때, 그는 자신의 제품을 사지 말라고 한다. 많은 제품을 구매하면 제품을 많이 제작해야 하고, 그러면 자연에 해를 끼칠 수 있으므로 꼭 필요할 때만 사고 고쳐서 쓰기를 권장한다. 사람들은 그런 가치에 환호하면서 브랜드를 따라간다.

이본 쉬나드는 기존의 기업사회에서 정의 내려온 개념들을 뒤집은 반항아였다. 기존의 것들에 다시 질문하고 자신이 옳다고 믿는 신념을 실천했다. 또한 자신의 철학을 기업 문화로 만들어 다음 세대가 이어나갈 수 있도록 구축했다. 그의 철학은 고정적이며 고리타분한 것이 아니다. 요리사가 요리책의 레시피를 익힌 뒤 책을 덮고 자신만의 방식을 더해 만들어낸 요리와 동일하다. 즉 핵심가치는 보존하되 상황과 트렌드에 맞게 전략들을 수정하며 나아가는 것이 그의 철학이다. 그것이 사람들의 마음을 사로잡고 세상에 영향력을 미친 것이다. 우리는 기존의 사고와 삶의 양식을 그대로 받아들이며 살아가고 있지는 않은가. 기존에 학습한 부분을 아무런 저항감 없이 받아들이고, 세상이 규정한 것들을 형식적으로 따라가고 있지는 않은가. 이본 쉬나드의 삶을 관찰하며 스스로에게 질문을 던져보자.

원하는 것이 있음에도 그것을 드러내기를 두려워하는 사람이 많다. 미래에 대한 불확실함 때문에 시작도 하지 않고 포기해버리는 사람도 부지기수다. 파도가 칠 때 두려움에 외면하지 말고 서핑을 타야 한다. 본인의 꿈을 지켜줄 수 있는 사람은 자기 자신밖에 없다는 것을 명심해야 한다. 자신이 원하는 것에 귀 기울이고, 그것에 반응하며 자신을 찾아나가자. 누구에게도 자신의 꿈을 맡기지 말고 부단히 밀고 나가자. 누구도 남의 꿈에 책임지지 않는다. 자신에게 확신을 품고 보이지 않는 길로 발을 떼며 한걸음씩 나아가야 한다. 느리더라도 꾸준히 나아가다 보면 꿈으로 가는 방향은 점점 확실해지며 길이 열릴 것이다.

새로운 시내의 피도가 밀려올 때

새로운 삶의 양식을 만들어가는 것을 두려워하지 말자. 우리가 살고 있는 시대는 이미 새로운 시대다. 이전의 사람들이 누리지 못한 시대를 살고 있다. 평균 수명부터가 달라졌다. 산업시대에는 평균 수명이 30~40세였으며, 부유한 사람만이 문명의 혜택으로 수명을 오래 지속할 수 있었다. 하지만 의료 기술과 과학이 발전한 요즘 대부분 장수를 누린다. "오래 살다 보니 별꼴 다 본다"라는 속담처럼, 독특한 시대의 특징들이 삶을 더욱 다채롭게 만들어주고 더욱 많은 것을 누릴 수 있게 만들어주었다.

다채로워지고 누릴 것이 많아진 세상에서는 꿈꿀 수 있는 것도 많아진다. 가령 프로게이머, 뷰티 아티스트 같은 직업은 옛날에는 존재하지도 않아 꿈을 꿀 수조차 없었다. 새로운 시대에 새로운 틀을 구축하자. 아이디어를 사람들의 달라진 특성과 연결하고, 정해진 규칙 없이 도전하고, 새로운 것을 찾아 정복하자. 실제로 이런 삶을 사는 사람들이 많아지고 있고, 이들은 자신만의 '뉴 라이프스타일'로 인생을 즐기고 있다. 물론 새로운 틀을 구축하는 일에는 용기가 필요하다. 뭐든 공짜로 얻어지는 것은 없다는 단순한 진리를 기억하며 용기를 내자. 어쨌든 기회가 많아지고 다양해진 사회다. 처음 시작하기는 어려울지 모르지만 꿈을 가지고 미래로 나아가자.

자신의 능력을 과소평가하며 안전함 속에 숨으려는 사람이 많다. 그들은 도전하려 해도 어른들이, 또 주변 사람들이 실패의 가능성을 언급하면 지레 겁먹고 주저앉는다. 헛된 생각 말고 정신 차리라는 소리라도 들으면 불안해서 의지를 굽힌다. 꿈꾸는 사람의 주변에는 언제나 이를 말리는 사람이 있기 마련이다. 진심 어린 걱정으로, 혹은 시샘으로 꿈을 가로막는다. 어떤 것이든 모두 이겨내야 한다. 꿈을 성취한 사람은 이러한 장애물에 합의하지 않고 미래의 자신과 합의한 사람이었다. 본인이 꿈꾸는 것에 대해 두려움을 이겨내고 도전할 때 삶은 특별해진다. 용기가 필요하다. 용기란 주변 사람의 걱정과 비판에 그저 반항하는 것이 아니라 자신의 뜻을 당당하게 설득하고 펼쳐보이는 행동이다.

파도는 쉬지 않고 친다. 그런데 어떤 이는 파도를 피하고, 어떤 이는 파도로 돌진한다. 파도를 향해 뛰어드는 사람은 두려움을 열정으로 바꾸어 기회로 만드는 사람이다. 이런 사람은 파도가 클수록 한층 흥분하며 자신의 모험과 성장을 즐긴다. 미래의 모습은 아무도 모른다. 미래를 조바심 내며 바라보기만 할 것인가, 미래의 물결 속으로 뛰어들 것인가. 선택은 본인의 것이다.

지난날의 나는 끝날 것 같지 않은 우울증과 또 외로움과 몇 년을 싸우며 힘든 시기를 겪기도 했다. 취업이 되지 않아 수십 통의 지원서를 넣어도 답장이 없던 시기가 있었다. 사람들에게 받은 상처로 아무와도 이야기조차 할 수 없을 만큼 괴로워 벽으로 나를 가리고 살던 시기도 있었다. 실력이 없어 무시 받던 시간들도 겪었다. 돈이 없어 절망적인 시간들도 보냈다. 그러나 그런 시간들이 결국엔 지나갔다. 누구에게든 자신만의 차디찬 겨울이 있다. 그러나 겨울이 지나면 꽃피는 봄이 온다. 봄을 맞으면 지난날의 아픔이 헤아려지며 다시 세상에서 사람과 살아갈 용기가 솟는다. 감사도 피어난다. 그것을 믿고 지금의 겨울을 잘 버티어내길 바란다. 모든 역경의 끝은 축복이라는 것을 잊지 말자

본인의 삶의 이야기는 다음 세대에게 용기를 주고 힘을 준다. 소중한 꿈을 준다. 지금 이 글을 읽고 있는 우리가 그런 위대한 주인공이 된다는 이야기다. 우리는 세상의 한 사람을, 궁극적으로 이 세상을 바꿀 수 있는 저력이 있다. 우리는 누군기에게 꼭 필요한 사람이다.

자부심을 가지고 오늘을 준비하자. 과거는 바꿀 수 없고, 미래는 알 수

없다. 우리가 능력을 발휘할 수 있는 시간은 바로 오늘뿐이다. 나는 오늘을 사는 청춘에게 큰 기대를 건다.

Life Surfing

- 새로운 시대. 새로운 환경을 두려워하지 말자.
- 자신의 꿈에 책임지는 사람은 자기 자신이다. 자유롭게 꿈을 향해 나아가자.
- 자신의 삶의 이야기는 누군가에게 힘이 되고 용기가 된다.

1. 라이프 플랜을 위한 특별한 여행을 떠나라

자신만의 시간을 보낼 수 있는 여행을 떠나라. 1박 2일 혹은 2박 3일. 가능한 한 바다로 여행을 떠나 바다를 바라볼 수 있는 커피숍을 찾아가자. 차 한 잔의 여유와 바다를 감상하며 삶을 정리하고 계획을 세워보았으면 한다. 혼자라는 것이 조금 외로울 수 있지만 외로움은 마음을 정리할 수 있는 힘을 준다. 그 힘으로 자신의 미래에 대해 깊게 생각해보길 바란다.

2. 삶을 돌아보며 함께 미래를 계획하고 나눠라

라이프 플랜을 작업할 때 주위의 소중한 친구와 함께 진행하는 것도 효과적이다. 2~5명 정도가 4주 동안 정기적으로 모여 체계적으로 진행하는 방안도 제안한다. 꿈이란 공유하면 확장되는 특성이 있다. 또한 꿈을 공유한 친구와는 관계의 깊이도 달라진다.

3. 라이프 플랜을 지속적으로 수정해 나가라

목표란 한 번 작업하고 어딘가 모셔두는 골동품이 아니다. 자신의 라이프 플랜은 초기에는 한 달에 한번씩, 1년간 지속적으로 수정해나가는 것이 좋다. 여행계획을 세워 여행을 가더라도 현장의 상황에 따라 계획이 수정되는 것과 동일한 원리이다. 즉 목표는 애초 현장에 맞게 설정되어야 한다. 목표가 수정될 때에는 날짜를 꼭 기록하자. 목표의 경력과 성숙해나가는 과정을 관리하는 것이다. 수정되는 날짜가 많아질수록 자신의 꿈에 동기를 제공하게 된다. 아울러 더욱 정교하게 업그레이드되는 것을 발견할 수 있다.

4. 책속에 자신의 생각을 기록하라

라이프 플랜을 설정하는 데 정보와 지식보다 심적인 힘이 더 요구된다. 심적인 힘을 키우는 데는 독서가 최고다. 책을 읽을 때는 손에 펜을 들고 자신에게 영감을 주는 단어들, 또한 자신의 결심과 아이디어 등을 빈 여백에 기록하며 읽어라. 다음 번 책을 볼 때 그 메모들이 용기를 술 것이나. 또힌 꽤 맨 앞쪽 빈 페이지에는 읽으면서 깨달음을 준 부분, 적용할 점을 알려준 부분 등을 페이지 번호와 함께 기록하며 읽어라. 시간이 없을 때 단지 앞 페이지에 기록한 자신의 메모만으로도 강한 동기를 부여받는다. 정말이다. 한번 꼭 해보길 바란다.

5. 목표를 자주 보이게 만들어라

목표를 세우고 나면 그것을 자주 꺼내봐야 한다. 책이어서 자주 꺼내 보지 못할 수
도 있다. 책은 목표를 기록하고 메모하는 용도로 사용하라. 자신만의 양식으로 만
들어 작성한 뒤 자신이 잘 볼 수 있는 주변에 부착하자. 그리고 자주 보며 자신의
목표에 대해 익숙해지는 연습을 하자.

6.꿈에 맞게 자신을 관리하라

꿈이 명확하게 잡혔는데, 인생이 꿈을 향해 제대로 흘러가지 않는다면 그것은 자기
관리를 하지 않았을 가능성이 높다. 꿈을 설정했다면 이제 그 꿈에 맞게 자신을 관
리해야 한다. 자기경영을 잘하면 더 큰 꿈을 꿀 수 있는 내공이 생긴다.

Think

미래는 생각하는 대로 이루어진다.

현재 모습은 진정한 당신의 모습이 아니다. 당신이 생각하는 미래 모습이 진정한 당신이다.

- 노먼 빈센트 폴

생각은 자신의 삶을 정의 내린다. 성공한 인물은 자신의 현재의 모습이 아닌 미래의 모습을
바라보며 자신을 끊임없이 변화시켜나간 사람들이다. 꿈과 목표에 대한 생각들은 삶을 그
쪽으로 유유히 이끌어간다.

라이프 +

블루페이지

인생에서 가장 소중한 '한 가지'

삶의 마지막에 있을 수도 있는 청춘에게

우리의 삶이 이전보다 좋아졌음에도 불구하고 삶의 질은 이전보다 더 풍성해진 것 같다는 생각은 들지 않는다. 자살률과 불행 지수는 무척이나 높기 때문이다. 우리나라의 자살률은 14년간 전 세계 1위를 차지했다. 자살률은 남녀노소, 빈부격차를 막론한 사회적 문제이다. 연간 사망자 수는 1만 3,092명으로 이를 1일 평균으로 환산했을 때 하루 45.8명이 자살로 생을 마감하는 것이다. 39분당 한 명씩 자살을 하고 있는 셈이다.

특히 이중 10대, 20대, 30대의 사망 원인 1위가 자살인 것이 가슴이 아프다. 누군가 간절히 원하는 젊음을 가지고, 자신의 꿈을 한번 펼쳐보기 전에 생을 마감해 버린 것이다. 자살에 이르게 하는 주요 원인은 우울증이다. 그것이 어떤 것인지 조금이나마 겪었기에 공감이 간다. 직장생활을 하며 크고 작은 상처들로 극심한 우울증에 빠져 있을 때에 소주병을 들고 한강을 거닐다가 차라리 죽어 버리는 것이 더 나은 것이 아닌가 하는 생각이 들 때도 있었다.

아픈 것들을 마음에 담아 두는 성격이어서 나도 모르는 상처들이 자신을 가두고 자책하며 괴롭게 했었다. 여기에 앞뒤가 막히고 미래에 대한 불안 감에 주위 사람들을 볼 자신이 없어 숨어 버리는 시간들도 있었다. 때론 공허함들이 내 안에 느껴질 때 무엇인가 채우기 위해 허우적대던 것들이 나 자신을 더 허무하게 만들었다. 술로 몇 일을 보내기도 여행을 다니고 친구들과 즐거운 시간을 보내도 잠시뿐 해결되지 않았다.

마지막에 이 섹션을 둔 이유는 삶의 위기에 있는 이들을 위한 처방이기도 하다. 이 부분은 개인의 신앙적인 부분이지만 이 책의 전체를 연결해 주는 것이기도 하다. 신앙적인 부분을 앞에서 제시하지 못하였기에 이 페이지가 있음으로 이 책의 숨은 이야기들을 정직하게 전달할 수 있으리라 생각한다.

신앙이 있는 사람들은 자신의 삶의 의미를 돌아보게 될 것이며, 신앙이 없다면 그냥 이 페이지를 넘어 가도 괜찮다. 하지만 무엇인가 해결되지 않고 모든 것이 막혀 있어 자신의 삶이 절망적이라면 이 섹션을 통해 희망이 전달되길 바란다.

비전 - 인생의 비전을 가진 사람

사람은 가능하다고 생각한 만큼 가능성을 발휘한다. 어려운 환경을 딛고 일어난 입지적인 인물이 있는가 하면 여전히 어려운 환경 가운데 살아가는 사람이 있다. 이 두 사람의 차이는 바로 그가 비전을 지닌 사람인가 아닌가 하는 것이다. 하나님 안에서의 계획인지 나의 계획인지에 따라 차이는 있기만 하나님 안에서의 계획, 즉 비전을 가진 사람의 삶은 확실히 다르다. 그는 비전 때문에 최선과 최고를 추구하며 창조주 하나님의 목직에 합

당한 삶을 살기 위해 노력한다.

비전은 사람을 변화시키고 그에게 유익을 준다.

첫째. 비전은 인생관과 가치관을 확립해준다.

둘째. 비전은 목표의식을 확고히 해준다.

셋째. 비전은 소망의 역할을 한다.

넷째. 비전은 고귀한 가치를 지니게 해준다.

비전이 있으면서도 이러한 네 가지 유익을 체험하지 못한 사람이라면 자신의 비전을 다시 점검해야 한다. 또한 가치관에 대해 고민하고 목표의식 없이 현실의 어려움 속에서 방황하는 그리스도인이 있다면 비전을 통해 변화하는 삶을 시작해야 한다.

기독교에서 믿는 예수가 선한 영향력으로 전세계에 퍼질 수 있었던 것은 그분이 자신이 누구인지 정체성을 분명히 알았고, 자신이 해야 하는 일이 무엇인지 사명을 분명히 알았기 때문이다. 그리스도인들은 이것을 따라 삶을 만들어 나갈 때 가치 있는 삶 그리고 의미 있는 삶을 살아갈 수 있다.

존재 – 우리가 지금 의미를 찾아 떠나야 하는 이유는

내가 누구일까? 나는 어디서 와서 어디로 가는 것일까? 나를 진심으로 사랑해주는 사람이 있는 것일까?

나는 어떠한 가치가 있는 사람일까? 나는 무엇을 해야 하나?

이러한 질문들에 맞이하면 한없이 자신이 작아 보이고 부족해 보일 수 있다. 자신이 자신을 볼 때 누구나 마찬가지로 장점보다 단점에 초점을 맞추는 경향이 있다. 또한 자신이 누구인지에 대한 정체성에 대한 질문은 혼란을 가져오기도 한다.

성경은 신이 우리를 자신의 목적대로 창조했다고 한다. 우리 안에는 세상에서 그분의 목적에 맞게 살아가기 위한 자신만의 재능들을 심어 두셨다. 누구나 자신만의 인생을 살아갈 자신만의 재능을 가지고 있고, 하나님은 그것을 쓰시기 원하신다. 그것을 발견하는 시간이 바로 취업의 시간, 진로에 대한 고민의 시간이다. 학생 때는 급하지 않기에 이것을 중요하게 여기지 않는다.

하지만 취업 시즌이 되면 자신이 무엇을 좋아하고 잘하고, 삶의 의미는 무엇인지를 고민하기 시작한다. 이 고민이 자신이 취업을 성공적으로 하는 Key이기 때문이다. 이 시간에 자신이 갖고 있는 재능에 대한 단서를 발견하는 것이 필요하다. 자신에게 무엇인가 의미 있는 일을 할 수 있다면 그것은 자신이 가지고 있는 강점을 통해 할 가능성이 높다. 그렇기에 자신의 강점을 발견하는 것은 삶의 목적을 발견하는 것과 연결된다. 자신의 목적을 발견할 때 어떠한 역경도 이겨낼 수 있고 하고 있는 일에 생명력을 가지고 할 수 있다. 각자의 삶에는 모두가 각자 자신의 목적을 가지고 있다.

자신의 목적을 안다는 것은 자기 자신을 안다는 것이며 자신의 목적이 있을 때 삶은 심플해지고 방향은 분명해지며 중요한 것들에 집중하게 된다. 또한 자신의 죽어 있던 삶들이 갑자기 활력을 띠게 된다. 목적을 개인의 이기심으로 원하는 것들을 채우는 것을 야망이라고 한다. 하지만 하나님이 나를 세상에 보내신 이유를 알고 행하는 것은 사명이라고 한다.

우리의 삶은 사명으로 채워질 때 세상에 영향력을 가질 수 있고 지속될 수 있다. 우리의 삶은 하나님의 목적 안에 있다는 것을 인정할 때 세상에 아름다운 영향력을 미칠 수 있다. 그 기본 바탕이 타인을 사랑하는 것으로 이루어졌기 때문이다. 사람은 분명 타인에게 영향력을 미칠 때 삶의 의미를 가지게 되고 그 의미는 삶에 대한 활력을 심어준다. 진정한 즐거움을 주는 것이다.

멘토링을 하며 사람들에게 코칭을 해줄 때 그들이 자신만의 이익을 채울 수 있게 계획을 세우는 것보다 타인을 위해 무엇을 할 수 있는지를 세울 때 그들의 삶이 활력을 가지게 되는 것을 자주 발견한다. 자신이 누구인지를 넘어 사회와 조직에서 어떠한 가치를 전달할 수 있는 자신을 발견할 때 자신 내면의 동기가 일어나고 진정한 변화가 일어나는 것이다.

나는 누구인가? 라는 질문은 평생을 따라오며 해결을 요청할 것이다. 그때 한 번쯤은 그 답을 찾아 여정을 떠나보길 바란다.

겸손 - 성공의 숨은 Key

젊은 시절 겸손은 성장과 성공에 중요한 요소이다. 이것은 평생의 값진 재산이다. 성경 속에 나오는 가장 지혜로운 왕인 솔로몬은 하나님께 기도로 지혜를 받았다. 그 기도는 하나님 보시기에 겸손함을 가지고 있었기에 그에게 지혜를 주셨다. 세상에서 지혜는 삶을 풍요롭게 만들어준다.

그런 지혜를 갖기 위해 많은 이들이 지식을 배우고, 사람들을 만나지만 지혜를 얻지 못할 때가 있다. 지혜는 낮은 곳으로 흐르는 속성이 있어 겸손히 낮추는 사람에게 지혜가 흘러 들어간다. 사회생활을 하며 겸손한 마음이 부족하여 배움이 멈추는 것들과 성공적인 조건에도 불구하고 실패하는 것들을 경험했었다. 겸손하지 못한 마음은 축복을 막는 특징을 가지고 있다.

그렇다면 어떠한 것이 진짜 겸손한 것일까? 이전에 겸손이라는 개념은 유교적인 의미로 말이 공손하고, 태도가 바르고, 타인에게 인사를 잘하고, 나 자신을 낮추는 것같이 보이는 것이 겸손이라고 생각했다. 이러한 것은 단지 '나 겸손하지 않나요?' 하며 자신을 높이고 싶어 하는 또 다른 형태의 '교만'이다. 이런 사람은 함께 있으면 불편하다.

마음과 행동이 다른 것이며, 무엇인가 목적을 가진 거짓 겸손인 것이다. 사랑하는 교회의 변승우 목사님을 통해 겸손에 대한 의미를 깊게 배우고, 삶에 실천하며 많은 변화를 경험할 수 있었다.

"겸손은 하나님을 의식하는 것이고, 교만은 사람을 의식하는 것입니다."

직장생활을 하며 사람을 의식하며 행동하는 사람들을 많이 보았다. 즉 어떤 사람이냐에 따라 자신의 행동과 태도가 변하는 사람들이다. 이기적인 본능을 거의 대부분이 가지고 있기에 사람은 자신의 이득에 맞게 움직이고 행동한다. 그런 사회에서 상처를 주기도 하고 상처를 받게 되는 것은 당연한 것이다. 이렇게 사람들이 살아가는 것은 자신을 죽이는 것과도 마찬가지이다. 이때 사람을 의식하는 것이 아니라 하나님 앞에서 하듯이 행동하는 것이다. 사람이 있든 없든, 마치 하나님 앞에 있듯이 일하고 행동하는 것이다. 그런 삶이 손해를 보는 것 같고, 인정을 받지 못할 수 있다.

하지만 그런 삶은 자신을 더 성장시키고 성숙하게 만들어준다. 하나님께 의식하고 의지할수록 사람에게 의지하는 삶에서 벗어나게 된다. 자신의 삶에 더 확신을 가지며 원하는 방향으로 믿음을 가지고 도전할 수 있다.

많은 이들이 자신이 혼자인 것에 두려움을 가진다. 멘토링을 할 때에도 단지 옆에 누가 있어 주는 것만으로도 자신감을 갖고 문제를 해결해나가는 사람들이 많았다. 자신만을 믿어주고 자신만을 바라봐주는 사람 자신의 성공을 가장 기뻐해주며 자신만을 사랑해주는 사람을 끊임없이 갈망한다. 그러나 사람에게 그런 것을 바란다는 것은 쉽지 않다고 본다.

설령 있다고 하더라도 그것이 지속되기는 어려울 것이다. 그런데 그런 역할을 해주시는 분이 계시다. 그분을 경험하기를 기대한다. 단지 의지가 될 뿐만 아니라 앞으로 가야 하는 역경들을 뚫고 나가는데 도움이 될 것이다. 자신이 극심한 두려움 혹은 위기에 있다면 눈을 감고 잠시 기도해 보길 바란다. 진심으로 기도하는 것은 반응하신다. 이것을 경험한다면 삶을 살아가는데 두려움을 마주하여도 당황하지 않을 것이다.

사랑 - 진짜 사랑 vs 가짜 사랑

한 사람만 진심으로 나의 이야기를 들어줄 사람이 있다면······ 모든 우울증의 시작은 외로움으로 시작된다. 자신이 이해받지 못하는 상황에서 세상에 벽이 생기고 자신을 스스로 가두어 놓는 것이다. 사회가 이기적으로 변해 갈수록, 또 나이가 들어가며 사람들의 관계들이 순수하지 못할수록 사랑받고자 하는 마음에 상처를 받게 된다. 하지만 사람들과의 사랑의 힘은 대단하다. 한사람의 진실된 사랑은 사람을 살리기도 하고, 좌절된 사람들을 세워주기도 하고, 슬픔에 빠진 사람들에게 위로가 되기도 한다. 그런 진실된 사랑의 원천은 어디에서 시작된 것일까?

살아오며 멘토들로부터 많은 도움을 얻었었다. 그분들은 모두 하나님을 믿는 사람들이었는데 나에게 주는 사랑과 보살핌은 무엇인가를 바라고 주는 것이 아니었다. 그것은 받는 사람이 가슴으로 느낄 수 있다. 이기적인 사람의 마음속에서 그런 마음이 어떻게 시작될 수 있는 것일까? 그것의 단서는 그분들에게 영향을 미쳤던 사람들을 추적하여 역사를 따라가 보는 것이다. 그분들은 기독교인인 그의 선배로부터 나에게 주었던 사랑을 받았었고, 또 그분에게 주었던 기독교인인은 누군가의 사랑을 받고…… 이것이 지속된 것이다. 그들의 모델은 '예수님'이다. 사람들에 대한 사랑을 위해 자신의 몸을 죽기까지 하였던 분의 진실된 사랑이다. 그 분이 삶에서 실천하신 사랑이 지금의 삶까지 이어져 내려온 것이다.

모든 종교를 보아도 우리를 위해 목숨을 내놓은 종교는 없다. 그런 사랑이 있었기에 사회의 구석구석에 아름다운 사랑과 선행들이 퍼지고 있는 것이다. 사랑이란 타고 내려가며 배가되는 성격이 있다. 그러기에 우리가 받은 사랑을 또 다음 세대로 물려주어야 하는 것이기도 하다. 기독교인의 삶에는 이런 것들이 지속적으로 지금까지 흘러내려 왔었다.

나는 건강한 공동체를 꿈꾸고 있다. 건강한 공동체의 진정한 모델은 바로 기독교 공동체이다. 그 이유는 사랑을 기반으로 하고 있기 때문이다. 지금 이 시대는 이러한 사랑을 기반으로 한 공동체를 찾기 어렵다.

하지만 과거의 성공모델로 분명히 남아 있기에 온전히 깨어진 공동체를 회복하고 돌아갈 수 있을 것이다. 사회의 공동체와 교회 공동체를 떠나 가족공동체도 해체되고 있는 상황이다. 이때 사람이 희망을 가질 수 있는 이 시대의 공동체는 기독교 공동체라고 확신한다.

진리 - 무엇이 진리인가?

우리는 많은 부분에서 생각 없이 살아간다. 나 역시도 마찬가지였다. 사회의 현상들에 대해 그리고 어떠한 사건들에 대해 우리의 생각이 아닌 다른 사람들의 생각에 따라 움직인다. 자신에게 진리라는 기준은 다른 사람들이 설정해 놓은 기준들에 따라간다. 대세에 따라가면 안전하지만 그것이 잘못된 것일 때는 문제는 심각해진다.

사회에서 일어나는 문제들과 해결방식들 그것들이 정의로운 것인가? 그리고 옳은 것일까? 왜 나는 그것을 옳다고 여기는가? 아니라면 왜 나는 그것을 옳지 않다고 여기는가?

사회의 현상들을 넘어 교육과 종교에 대한 부분에서의 진리라고 하는 기준들에 대해 머릿속에서 떠나지 않았다. 삶에 잊고 있다가도 문득 밖으로 나와 삶을 혼란스럽게 뒤집어 놓았다. 아무도 정확한 대답을 해주는 사람이 없을 것이라 생각하였다. 정답이라 말해주는 이들에게도 오류가 있는 것이었다. 그것은 자신이 설정한 진리의 기준의 관점으로 이야기하기 때문이다.

이런 것을 해결하기 위해 많은 사람들은 철학과 종교에서 답을 찾기 위해 시도한다. 세상에는 여러 철학들이 있고 여러 종교가 있다. 한때 진리가 무엇인지 찾기 위해 1년 동안 세계관을 공부하며 찾아 보려고 시도했었다. 하지만 공부할 부분이 너무도 많고 광범위하여 지식의 홍수에 빠져 나올 수 없을 것 같았다. 평생을 공부하여도 찾을 수 없을 것 같았지만 거기에서 내가 적용할 수 있는 몇 가지 진리의 기준은 찾을 수 있었다.

첫째. 진리는 모든 시대에 동일하게 적용되어야 한다.

둘째. 진리는 모든 나라를 교차하여도 동일해야 한다.

즉 첫 번째는 역사적 흐름을 통해 일관되게 이어지는 것에서 진리를 발견할 수 있고, 두 번째는 세계관을 통해 국가를 넘어 보편적인 것들을 통해 진리를 찾을 수 있다는 것이다. 결론적으로 두 개의 선이 교차하는 지점을 찾아내면 된다고 스스로 생각하였다.

그리고 찾아진 진리는 다음과 같은 검증을 하는 프로세스를 도출하였다. 이것은 오랜시간 학자들이 검증하는 방법으로 여러 가지가 있지만 다음과 같은 세 가지로 최종 정리해 보았다.

첫째. 진리라고 하는 것의 처음과 끝이 같은 맥락을 가지고 있어야 한다. 즉 진리라는 것이 처음부터 끝까지 다른 이야기들로 되어 있거나 변한다면 진리가 아닌 것이다. 진리는 그 안에서 일맥상통하는 메시지를 혹은 진리 체계를 가지고 있어야 한다.

둘째. 내적 외적 일치성을 가지고 있어야 한다. 즉 내적으로 깨달아지는 것이 외적인 현상으로도 드러나야 하는 것이다. 만약 내적인 생각으로만 존재한다면 그것은 소설이나 허구일 뿐이다.

셋째. 첫 번째와 두 번째의 것을 가지고 생활에서 살아갈 수 있어야 한다. 즉 활용 가능한 것이어야 한다는 것이다. 아무리 좋은 진리라도 그것을 가지고 살 수 없다면 진리가 아닌 것이다.

오랜 시간 동안 진리를 탐구한 시간 동안 깨달은 것은 이것이었다. 철학이나 학문을 연구할 때는 이러한 Tool을 적용하여 분별하여 보았고, 무엇보다 성경에서 이러한 진리를 검증했었다. 이러한 Tool로 성경을 이해하고 믿음을 가지는데 많은 도움이 되었었다. 하지만 이런 것이 무의미하게 만든 시간이 있었다.

신앙에 대해 알아가던 중 기도를 하며 하나님을 만나게 되었다. 우리가 상상하는 것들 이론적으로 펼쳐 놓은 것들이 아무리 정교하게 짜여져 있더라도 실제하는 것을 마주하였을 때 모든 진실, 즉 진리가 드러난다. 삶 속에 하나님을 경험하는 것은 축복이다.

이것은 비유로 들자면 공룡의 존재를 증명하는 학자들이 공룡이 있다는 것을 공룡의 화석과 발자국, 흔적들을 찾아내며 공룡을 증명하다 실제로 공룡을 직면한 것이나 마찬가지다. 실존하는 것을 직면했을 때 그것을 증명하는 부수적인 증거들은 확증이 되는 것이다.

성경의 진리는 형식적이며 역사적인 사건의 기록이 아니다. 또한 신화적인 것들이 아니다. 일관된 메시지로 삶의 모든 부분에 영향력을 미친다. 또한 하나님은 우리들의 삶에 실제하신다. 세상에 선한 영향력의 뿌리를 관심 가지고 살펴보라. 기독교 세계관으로 시작되거나 많은 사람들이 그것에 영향을 받았음을 어렵지 않게 발견할 수 있다.

삶의 목적 - 죽음 그 이후의 삶을 바라볼 때 보이는 것

경영의 구루인 피터 드러커는 인생에서 가장 영향을 많이 받은 일은 무엇이냐는 질문에 중학교 종교학 선생님이 던진 질문이었다고 한다. 바로 죽은 후 무엇으로 기억될 것이냐이다. 각 개인의 죽음은 삶을 어떻게 살았는지 세상에서 평가해준다. 그래서 제대로 된 이력서처럼 쓰이는 사람의 전기는 죽음이 다가올 때 쓴다고 한다. 애플의 스티븐 잡스도 자신의 죽음이 가까워 오자 자신의 전기를 준비하였다. 자신을 증명하고 싶은 것이다. 하지만 기독교에서는 천국과 지옥이라는 죽음 뒤의 삶이 있다. 어린 시절 부모님은 천국과 지옥을 알려 주며 착한 일을 하도록 교육시키셨지만, 나이가 들면서 공상영화처럼 생각하며 중요하게 여기지 않았다. 하지만 성경이 진짜이고 성경에 천국과 지옥이 있다면 그것은 진짜 있는 것이 아닌가? 죄인은 천국에 갈 수 없기에 회개의 삶을 기독교에서 가르친다. 그리고 회개를 할 수 있는 것은 예수님의 사랑인 십자가 죽음 때문이라는 것을 알게 하였다. 그것을 진심으로 알고 깨달을 때 지상에서도 천국을 경험하는 은혜의 시간을 보낼 수 있다. 마음속에 여러 가지 욕망들과 욕심들이 차 있을 때 고뇌하였던 시간들이 이것을 경험하며 비로소 나 자신이 자유로워 질 수 있었다. 아직 완전한 것이 아니지만 그러한 삶을 추구하며 살아가며 행복을 느낀다.

소망교도소에서 사형수의 사형을 집행을 보는 박효진 장로님의 간증을 보며 동일한 것을 느낄 수 있는 것이 사형장에 들어오는 사람들의 표정에서 이 사람이 기독교인지 아닌지를 알 수 있다고 한다. 죽음을 준비한 사람은 두려움을 이겨낼 수 있다. 청년들이 많은 유혹에 빠진 경험은 시간이 지난 후 많은 후회를 남긴다. 자신의 최고의 가치 있는 삶에 대한 기준은 죽음 뒤이다. 평생계획의 핵심적인 본질은 자신의 영원의 관점에서 자신의 인생을 설계하는 것이다. 하나님은 우리의 삶이 행복하기를 원하시며 천국에서 함께하시기를 기다리신다. 그러한 하나님이 당신을 보며 웃고 계신지, 가슴 아파하시는지를 생각해보자.

잠시 눈을 감고 자신의 삶에 기도하라
하나님은 한분이시지만 각 사람과 마주하신다. 많은 사람들 가운데시 이런 생각을 한 적이 있다. '나에게 관심 있을까?' 정답은 '아주 관심이 많으시며, 당신을 만나고 싶어 하신다.' 또한 성경이라는 것은 사람이 살아가는 삶에 방향을 제시하고 각 사람마다 의미를 찾을 수 있는 길을 안내해준다. 교육을 하며 사람의 변화에 많은 관심을 가지고 있었다. 세상의 모든 교육과 프로그램은 사람의 변화를 목적으로 하지만 진정한 변화는 하나님의 관점에서 각 존재를 발견할 때 본질적인 변화가 이루어진다.

만약 자신의 삶에 완전한 변화를 꿈꾼다면 지금의 상황을 탓하며 불평하기보다 조용히 눈을 감고 기도해보기 바란다. 하나님께 기도하며 자신의 상황을 조용히 마음속으로 그려보며 알려드린다. 그리고 자신과 자신의 환경을 관찰해보기 바란다. 기도 후 당장에 이루어지는 것도 있지만 시간이 걸리는 것들도 있으니 조급해하지 말기 바란다.

단 지금의 상황에서 자신에게 무엇을 알아야 하는지 물어보며 자신을 돌아본다. 그 과정에서 자신의 역경의 의미를 찾을 수 있고 그것을 넘어갈 수 있게 된다. 보이지 않지만 삶에서 확실하게 영향을 미치고 있는 것을 경험하길 바란다. 우리 기도에 귀를 기울여 주시기에 마음을 편하게 갖고 그분께 모든 것을 맡겨 보길 바란다.

나 역시 역경이 올 때면 항상 기도하며 위기를 넘어 왔었다. 자신의 삶에서 더이상 나아갈 수 없을 때 하나님께 나아가자. 하나님께 기도하며 자신의 상황을 털어 놓았을 때 조금씩 문제들이 해결돼 가는 것을 믿음으로 볼 수 있었다. 하나님은 역경과 고난에 대하는 태도를 보시고 그 사람의 다음 길을 준비하신다. 하나님은 중심을 보시며 준비된 자들에게 복을 허락하신다. 그렇기에 믿음을 가지길 바란다.

때론 원망과 괴로움이 가득하여 힘든 것으로 눈물이 앞을 가려 아무것도 보지 못할 때가 있다. 이때 하나님이 당신 곁에 서 있음을 경험하길 바라며 자신에게 주어진 의미를 찾아 삶을 회복해나가길 바란다. 당신을 위해 응원하며 기도할 것이다.

> 사람이 마음으로 나의 갈 길을 계획할지라도 그 걸음을 인도하시는 분은
> 여호와시니라.
>
> _ 잠언 16장 9절

삶이 하나님 안에 있으며 이것을 늘 신뢰하며 나아갈 때 확신을 갖게 된다. 자신의 주어진 삶에 최선을 다해 가꾸어 나갈 때 그 사람에게 준비된 만큼 축복을 주신다고 믿는다. 또한 내가 정한 길이라도 더 좋은 계획들이 있음을 기대하며 끊임없이 나의 계획들을 기도하는 것이 필요하다.

지난 10년간의 기록들을 보며 나의 과거를 돌아보며 좋았던 일들도 있지만, 아픔들과 상처들을 드러내는 것이 쉽지만은 않았다. 그렇지만 그러한 상처들이 다른 사람의 상처를 치유해주고 나와 같이 좌절에 있는 사람들에게 이 책이 희망이 될 수 있다는 것과 청년의 시기에 방황을 줄이고 시간을 아껴 꿈에 대해 더 생산적으로 삶을 활용할 수 있다는 생각이 이 책을 내야겠다는 용기를 주었다.

이 책이 당신의 삶 속에 두려움을 이겨내고 하나뿐인 소중한 인생에서 시간을 낭비하지 않고 자신의 삶을 살아가길 바라며 당신의 삶 속에서 일어나는 일들이 세상에 선한 영향력으로 퍼져나길 바란다.

자신의 꿈들이 정해지고 나면 관련된 것들이 끌리기 시작하고 익숙해지기 시작한다. 그러는 가운데 관련된 사람들을 만나기 시작하며 그 안에서

영향력을 발휘할 수 있는 시간이 온다. 처음 시작했을 때 혼자라는 생각으로 외로워하지 말기 바란다. 자신의 꿈의 깃발을 들고 시간이 흐르며 자신의 주변에 꿈을 지지하는 동료가 생기기 시작한다.

파도를 타고 바다에 나와 바다를 바라보면 바다가 무척이나 고요하다. 바닷속에서 파도와 분투했던 시간들 파도를 잡으며 타던 즐거움들 마치 잠깐의 시간처럼 지나가고 다시금 나를 바닷속으로 초대한다. 시간이 지난다고 바다의 위험들과 불확실한 것들이 없어지는 것이 아니다. 단지 내가 그것을 받아들이고 즐기는 것이다. 그것을 피하는 것이 아니라 오히려 그것을 즐기는 것이 삶을 더 의미 있게 만든다.

미래의 삶에 두려워하지 말기 바란다. 이전의 것들은 지나고 새로운 파도가 오고 있다. 즐길 준비를 하자. 당신의 인생에서 여러분만의 멋진 파도를 타기 바란다.

라이프 플랜

사람이 마음으로 나의 갈 길을 계획할지라도
그 걸음을 인도하시는 분은 여호와시니라.

잠언 16장 9절

비전 설계도

기획자의 경험
"Top 보다 Pro를 지향한다."
'Think Unthinkable, Challenge Unchallengeable'

I. 비전 & 미션 구조화

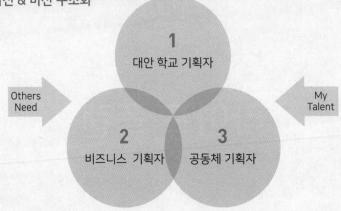

1. 다음 세대의 리더양성
   세계적 리더로 영향력을 펼칠 수 있는 교육과 학교의 모델을 기획한다.

2. 비즈니스 모델 기획, 경영자 양성
   비즈니스 모델을 구축하여 지속가능한 경영을 할 수 있도록 컨설팅하고 경영
   자를 교육한다.

3. 공동체의 지원 및 운영 기획
   건강한 공동체들이 사회에 선한 영향력을 펼칠 수 있도록 후원/운영/기획한다.

II. 사명 선언서

선언서	• 나는 기획자다. 기획으로 사람들의 삶과 행복의 질을 향상 시켜주겠다. • 잠재력을 가진 사람들의 재능을 선한 영향력으로 이끌어 세워주겠다. • 내게 주신 삶을 즐겁고 행복하게 살며 이것을 나의 주변과 함께 나누겠다.
DNA	• 코람데오Coramdeo : 하나님 앞에서 그의 권위 아래 그의 영광을 위해. • 카르페디엠Carpe Diem : 현재를 즐겨라. 인생을 독특하게 살아라 • 세렌디피티Serendipity : 예기치 않은 행운 & 우연을 가장한 행운 • 코이노니아Koinonia : 공동체 안 사랑의 강한 유대적 책임감

III. 직업적 분류 – 직업 선택을 위한 지침

구분	역할기술	직무방향 – 차별화
대안 교육 기획	대안학교를 기획/설립/후원/연구/개발/지원/교육/컨설팅한다	영리기업과 비영리기업을 유기적으로 연계하는 모델 구현 / 대안학교 프랜차이즈 모델 / 세계화가 가능한 교육모델 및 교육프로그램
비즈니스 기획	사업을 기획/경영/마케팅/영업/관리/교육/컨설팅한다.	핵심경쟁력 기반 비즈니스모델 구축 / 교육마케팅&변화마케팅 / 지속적 경영을 위한 경영자 양성 / 비즈니스 돌파 프로세스
공동체 기획	공동체를 설립/조직화/기획/지원/봉사/기부한다.	독서를 통한 평생학습공동체 모델 / 지속가능한 수익모델 / 수평적 학습 공동체 / 지역기반 공동체 모델 / 제2커리어 제공

IV. 필요 역량 – 평생학습을 위한 방향

- **핵심역량** 직업 선택을 위한 핵심 경쟁력
- **필요역량** 핵심역량과 삶에 영향을 미치는 것들
- **내적역량** 학습에 대한 삶의 마인드

핵심 역량 (전문영역)	• 전략기획 • 경영기획 • 교육기획 • 운영기획 • 마케팅기획 • 비즈니스 모델 • 인적자원 개발 • 행사 기획력 • 디자인기획
필요 역량 (자기계발분야)	• 커뮤니케이션(말/글/행동) - 스피치/설득/글쓰기/문서력/옷차림 • 업무돌파를 위한 역량 - 문제 해결력/프로세스 도출/목표관리/융화력 • 설계 영역 - 인지구조설계/사고구조설계/심리구조설계/비즈니스설계 • 자기관리 - 리더십/동기부여/재정관리/체력관리/인간관계 • 창조적부분 - 영적 감각/관찰력/통찰력/학습능력/자연 친화력/연결적 사고
내적 역량 (태도/마인드) **배움 10계명**	• 일하면서(현장에서) 배운다. • 가르치며 배운다. • 섬기면서 배운다. • 값을 지불하고 배운다. • 멘토(최고)에게 배운다. • 진리를 배운다. • 책과 자료를 통해 배운다. • 알 때까지 배운다. • 겸손하게 배운다. • 생각하고 적용하며 배운다.

V. 역할 기술서

'삶의 모든 순간을 소중히 여기고 감사하며 덤으로 주어진 삶을 살자'

ALL Life (모든 것에서) **사랑**	• 첫 번째 하나님을 섬기며 사랑하겠습니다. • 두 번째 주변의 이웃을 사랑하며, 나라를 사랑하겠습니다. • 세 번째 나 자신을 사랑하며, 최고의 인생으로 만들겠습니다.
Calling (나의 삶에서) **겸손**	• 사람을 의식하는 것이 아니라 하나님을 의식하겠습니다. • 정의로운 일에서 타협하며 두려움에 뒷걸음질하지 않겠습니다. • 인생에서 만나는 누구든 먼저 배우고 경청하겠습니다.
Vocation (나의 일에서) **정직**	• 주어진 일에 충실하며 집중하여 반드시 해내겠습니다. • 이론을 적용하여 현장의 변화와 성장을 위한 기획을 하겠습니다. • 길이 없을 때 남들이 생각하지 못한 방법으로 일을 해내겠습니다.
Member (구성원으로서) **충성**	• 모임 리더의 리더십을 따르며 순종과 충성으로 모임을 운영하겠습니다. • 나의 위치에 만족하며 능력 이상의 자리를 탐하지 않겠습니다. • 구성원들의 성장이 함께하는데 저의 감정으로 구분하지 않겠습니다.
Family (가족 안에서) **책임**	• 사랑으로 서로 의지하고 믿을 수 있는 가정을 만들겠습니다. • 경제적으로 힘들지 않도록 준비하고 지혜롭게 운영하겠습니다. • 부모님의 노후를 평안히 보내도록 준비하겠습니다.
Friend (친구로서) **정의**	• 가치를 나눌 수 있는 친구를 사귀고 서로의 영향력을 존중하겠습니다. • 신뢰를 저버리지 않고 평생을 함께할 수 있는 사귐을 가지겠습니다. • 진심으로 서로가 성장할 수 있는 사귐을 가지겠습니다.

라이프 서핑

평생계획

life Plan

구분	35세 (2017)	40세 (2022)	45세 (2027)	50세 (2032)	65세 (2047)
컨셉	기획전문가	경영 & 컨설팅	핵심아이템발굴	경영성과 시스템화	사업인계
핵심 목표	기획자의 경험 구체화 & 책쓰기	컨설팅 전문성 & 경험 구축	사업자금준비 / 사업아이템 기획	사업창업 및 핵심 비즈니스모델 구축 / 직접창업 / 투자 및 협업	사업정리 / 대안학교준비
재무 목표	자산 : 1억 / 연봉 5,000천만	자산 : 3억 / 연봉 7,000천만	자산 : 5억 / 연봉 8,000천만	회사매출 : 10억 → 100억 → 1000억 / 순수익 : 2억 → 20억 → 200억	기획자의 경험 구체화 & 책쓰기
학습 목표	기획프로세스 (기획자의 경험 관련 도서)	컨설팅 Tool 구축을 위한 학습 비즈니스모델	사업준비를 위한 학습 & 준비	회사 성장에 필요한 학습 경영 / 성과 / 회계 / 동기부여 / 비즈니스모델	학교관련 교육준비
주요 시기	기획정립	기획정립	독립준비기	사업시작 및 성장	후반전 준비
연령	35세 · 40세 · 45세 · 50세 · 55세 · 60세 · 65세				

Key-To Do

연령	핵심목표	재무목표	Key-To Do
30대	기획자의 경험 완성	자산 1억 연봉 : 5천만	• 기획 프로세스 정립 • 기획책 & 워크북 개발 • 결혼 & 목표수립
40대	사업 성과 & 성장을 위한 컨설팅 역량 강화	자산 5억 연봉 8천만	• 컨설팅 프로세스 정립 • 사업준비 및 점검
50대	지속가능한 사업성장을 위한 시스템 구축	매출 1000억 20% 순이익율	• 사업창업 후 지속가능한 수익모델 구축 • 경영프로세스 정립
60대	후계자 양성 및 사업인수인계	자산 100억 월 시스템수익 1억	• 후계자 양성 및 대안학교 준비 제 2 커리어 준비

진뢰진정비

20·30 라이프 서핑
프로젝트

라이프 서핑 프로젝트

● 라이프 서핑 프로젝트 소개

라이프 서핑 프로젝트는 인생의 장기계획을 세우는 프로젝트입니다.
아래의 그램과 같이 라이프 플랜은 다음과 같은 구조를 갖고 있습니다.
미션과 사명은 인생의 목적을 설정하는 작업이고 평생계획은 인생의 목표
를 설정하는 것입니다. 그리고 그것을 쪼개어 연간계획을 세워 목표를 세
분화합니다. 그리고 월간/주간/일일 관리를 통해 자신의 현장과 일상생활
에서 실행을 합니다.

이번 라이프 프로젝트는 장기계획의 뼈대를 세우는 것을 목표로 합니다. 처
음 완벽하게 하기보다 시작의 경험을 하는 것에 초점을 맞추시길 바랍니다.
처음 시작은 부족하고 어색하지만 점차 수정해나가며 자신의 꿈에 확신을
가져다줄 것입니다.

단기계획에 대한 부분은 디테일 하게 실행하고 원리들이 많기에 교육을 통
해 습득하고 습관으로 만들어나가는 것이 효과적입니다.

| 라이프 플랜 구조도 |

| 장기 미션/사명
| 장기 평생계획
| 단기 연간계획
| 단기 월간계획/주간계획일일 계획

● 라이프 서핑 프로젝트 진행방식

1. 2인~7인 이하

혼자 하는 것보다 2인 이상 함께하는 것을 권장합니다. 매주 1회씩 정기적으로 모여 함께 진행할 수 있도록 구성되었습니다. 가장 적정한 인원은 3~7명입니다. 진행시 다음과 같은 방식으로 진행을 합니다. 인원에 따라 진행시간은 1~2시간으로 진행합니다.

한주의 감사 or 변화	5분	한 주동안의 감사한 것이나 최신 근황에 대해 나눔
Think & Talk	10분	각 질문들에 대해 가볍게 이야기를 나눔
Step 1 작성 & 나눔	20분	작성한 뒤 작성에 대한 부분을 서로 나눔
Step 2 작성 & 나눔	20분	작성과 나눔은 Step 1, 2 따로 진행하는 것이 효과적입니다.
오늘의 소감 및 적용할 것	5분	오늘의 소감 및 이번주 각오

2. 개인 진행시

여유를 가지고 자신만의 공간에서 하루 혹은 여행을 통해 몇 일의 시간을 내어 집중적으로 작성해 볼 것을 권장합니다.

3. 단체, 학교, 조직에서 진행시

조별 인원을 4~6명 이하로 하여 진행을 하며 위의 방법과 동일하게 진행합니다.

Tip

❶ 한번만 하는 것이 아니라 정기적으로 모여 작성해보는 것도 좋습니다. 같은 내용일 지라도 할 때마다 새롭게 느껴집니다.

❷ 책에 기입한 것을 컴퓨터로 정리하여 자신의 잘 보이는 곳에 두는 것이 효과적입니다.

❸ 교육을 통해 진행을 하면 더 정확하며 시간을 단축하여 배울 수 있는 장점이 있습니다. 바인더를 활용하여 지속적으로 관리하는 방법을 배워 보실 것을 권합니다.

＊ 양식지 다운로드 www.lifesurfing.co.kr

라이프 패들링Life Paddling _ 인생 파도 분석

● 인생파도란?

인생의 파도분석은 과거를 정리하며 자신을 발견하는 과정이다. 누구나 현재의 인생에 영향을 미치는 경험들을 가지고 있다. 그러한 경험을 돌아보며 자신을 발견해나갈 수 있다.

그 경험에는 긍정적인 경험도 있지만 부정적인 경험들도 있을 것이다. 자신의 과거를 드러내는 것을 두려워할 수 도 있지만 시간이 지난 후 자신을 돌아볼 때 다른 것을 경험할 수 있을 것이다.

인생을 바라볼 때 중요한 것은 자신이 성공한 것에서 강점을 찾아내고 실패하였거나 부정적으로 남아 있는 것에서 의미를 찾아내는 것이다.

● Think & Talk

토론 시 3개의 질문을 정하여 1인당 5분~10분

• 내 삶에서 가장 힘들었던 순간은 언제인가?

• 살아오면서 가장 기뻤을 때는 언제인가?

• 어떤 성취가 내 인생에 의미 있었는가? 그 이유는?

• 잊고 싶거나 돌아보기 두려운 실패나 실수는 무엇인가?

• 내 인생에서 가장 힘들었던 순간은?

• 나의 숨기고 싶은 약점은 무엇인가? 그 이유는 무엇인가?

• 나의 강점은 무엇인가? 그것을 알게 된 계기는?

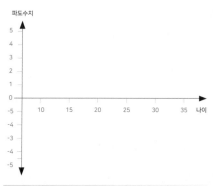

사건	나이	경험을 통해 나에 대해 깨달은 것

나 정의하기

나는 _____ 이다
나는 _____ 이다
나는 _____ 이다
나는 _____ 이다

✏️ **작성법**

1. 자신의 과거를 돌아보며 자신이 성취하였거나 기뻤던 긍정적인 사건은 위쪽 (+)에 키워드로 기입한다.
   반대로 실패했거나 좌절했던 것 슬펐던 기억들은 아래쪽 (-)에 기입한다. 강도가 높을 수록 점수는 올라가게 기입한다.
2. 점수가 높은 순(+ or -) 으로 아래의 칸에 사건과 나이를 기입하고 경험을 통해 깨달은 것을 기입한다.

Point

깨달은 것을 발견할 때 +든 -이든 자신의 경험에서 긍정적인 측면에서 바라보며 기입한다.

✏️ **작성법**

1. Step 1을 참고로 하여 자신의 강점과 약점을 기입한다. 앞에서 발견한 것 외 자신이 평소에 느끼고 있는 것을 기입해도 된다.
2. 강점과 잘하는 것에서는 자신이 스스로 재능이라고 생각하는 것을 선정하여 아래에 기입한다.
3. 약점과 두려운 것은 장점으로 전환하여 아래에 기입한다

작성사례

ex. 나는 시험에 떨어졌어도 포기하지 않는 열정 있는 사람이다.
ex. 나는 마라톤에 끝까지 완주하는 끈기 있는 사람이다.

Step 1 _ 인생파도

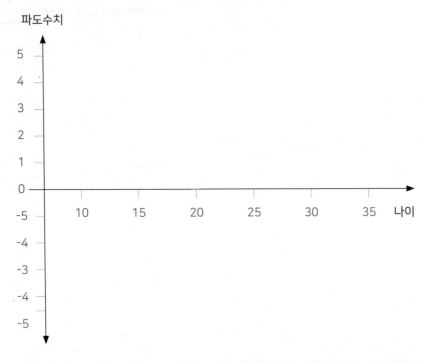

사건	나이	경험을 통해 나에 대해 깨달은 것

라이프 서핑

Step 2 _ 강점과 약점 재정의하기

자신을 바라볼 때 강점과 약점으로 보는 것이 아니라 자신만의 특별한 요소로 자신을 보는 것이다. 우리는 단점에 치우쳐 보는 경향이 있다. 단점이 강점의 발목을 잡을 수 있다. 자신의 단점을 긍정적으로 봄으로써 긍정의 프레임을 훈련하고 자신의 단점이 장점이 될 수 있다는 것과 자신만의 특별한 것임을 깨달을 수 있다. 자신의 강점으로 발견해주는 하나의 방법이다.

장점 잘하는 것	**약점** 두려운 것
·	·
·	·
·	·
·	·
·	·
·	·

재능이라고 생각하는 것   장점으로 전환

나 정의하기

나는 _____ 이다

나는 _____ 이다

나는 _____ 이다

나는 _____ 이다

드림 라인업Dream Line up _ 꿈 리스트

● 꿈 리스트란?

꿈 리스트는 자신의 내면 속에 원하는 것들을 모두 기록하며 자신을 발견하는 과정입니다. 꿈들을 기록하며 의미 있고, 의미 없는 것들을 생각하지 말고 떠오르는 대로 기록합니다. 기록한 뒤 꿈들 중에 자신의 가슴을 떨리게 하는 꿈들이 있는지 살펴 보며 자신을 발견할 수 있습니다.

떠오르는 것들을 기록으로 표현하는 것 자체만으로도 꿈을 이루는 과정 중 하나입니다. 그리고 자신의 꿈을 자주 보며 어떻게 나타날지를 생각하며 주변에 자주 말하는 것은 자신의 꿈을 확신을 더해 준다.

● Think & Talk

토론 시 3개의 질문을 정하여 1인당 5분~10분

- 내 삶에서 내가 가장 가고 싶은 곳은 어디였는가?
- 지금 당장 모든 것이 충족하다면 하고 싶은 것은 무엇인가?
- 어느 부자가 나에게 선물을 준다면 무엇을 받고 싶은가?
- 내가 원하는 것을 모두 가졌다면 사람들에게 무엇을 나누어 주고 싶은가?

라이프 서핑

가고 싶은 곳

・
・
・
・

하고 싶은 것

・
・
・
・

갖고 싶은 것

・
・
・
・

나누어 주고 싶은 것

・
・
・
・

✏️ 작성법

자신의 마음에 생각나는 대로 기입을 한다.

기록할 때는 많은 생각을 하고 적는 것이 아니라 잠깐 떠오르는 것들도 모두 기입해 보는 것이다. 완벽하게 적을 생각을 하면 적기 힘들어진다.

우선은 기입을 해보며 하나하나 추가해 나가는 방식으로 작성한다.

예쁘게 적으려고도 하지 말고 낙서하듯이 스케치해 나가길 바란다. 작성이 된 뒤에 컴퓨터로 정리하면 된다.

● 가까운 꿈 리스트 top 10

No	꿈 리스트	달성예정일	완료
1			□
2			□
3			□
4			□
5			□
6			□
7			□
8			□
9			□
10			□

* 올해 안에 이룰 수 있는 꿈리스트

✏️ 작성법

자신이 기입한 것들 중에서 당장에 이룰 수 있는 것들이 있을 것이다. 기간을 올해 이룰 수 있을 것들을 옮겨 적은 뒤 달성예정일을 기입한다.

무엇을 적든 사소한 것이라도 상관없다. 중요한 것은 내가 기록한 것을 실행하고 성취하는 느낌을 느끼는 것이다.

Step 1 _ 꿈 라인업

가고 싶은 곳

-
-
-
-
-

-
-
-
-
-

하고 싶은 것

-
-
-
-
-

-
-
-
-
-

갖고 싶은 것

-
-
-
-
-

-
-
-
-
-

나누어 주고 싶은 것

-
-
-
-
-

-
-
-
-
-

Step 2 _ 실행 Top 10

● 가까운 꿈 리스트 top 10

No	꿈 리스트	달성예정일	완료
1			☐
2			☐
3			☐
4			☐
5			☐
6			☐
7			☐
8			☐
9			☐
10			☐

* 올해 안에 이룰 수 있는 꿈리스트

사명 테이크업Mission Take up _
사명 선언서 & 역할 기술서

● **사명 선언서란?**

아직 분명한 삶의 방향을 정하지 않았다면 당장에 무엇을 하겠다고 결심하기는 어렵다. 오히려 자신이 하고 싶었던 것이나 의미 있다고 여겼던 것들, 혹시 이런 사람이 되었으면 하는 것들을 3가지를 기록해 본다. 사명은 한순간에 정하기 어렵다. 한번에 사명을 작성하는 방법보다는 사명을 적고 삶에서 경험하며 자신의 사명을 조율해 나가는 방법이 더 효과적이다. 이 시간은 우선 기록하는 데 의미를 두고 작성한다.

● **역할 기술서란?**

역할 기술서는 삶, 가족, 직장 , 사회 등… 에서 자신이 어떻게 살 것인가에 대한 일종의 살아가는 원칙을 작성하는 것이다. 역할 기술서는 자신의 어떠한 역경에 흔들리거나 두려움에 맞설 때 중심을 잡아주는 역할을 한다. 처음 쓸 때 , 타인의 좋은 글들과 가훈 혹은 책을 통해 인용을 해도 된다. 그리고 조금씩 자신의 것으로 바꾸어가면 된다.

● **Think & Talk**

토론 시 3개의 질문을 정하여 1인당 5분~10분

- 나는 내가 어떤 사람으로 기억되길 원하는가?
- 사람들이 나에게 필요로 하는 것은 무엇인가?
- 나는 무엇을 할 때 가치를 느끼는가? 몰입하게 하는가?
- 나는 어떤 부모가 되고 싶은가?
- 친구들이 나를 어떻게 소개해주기를 원하는가?
- 직장에서 일을 하면 어떤 스타일로 기억되길 원하는가?

No	직업/사명	사명선언서(What / Who / How to 들어가도록)
1		
2		
3		

분야	역할기술서(~한 삶을 살아가겠습니다.)

✏️ 작성법

1. 내가 잘하는 것과 다른 사람이 나를 필요로 하는 영역을 생각하여 본다.
2. 직업적으로 전환하여 기록하여 본다.
3. 처음에는 직업을 찾는 것이 어렵다. 자신이 생각하는 직업을 적고 수정해 나가도록 한다.
4. 아래에 직업 사명을 적고 사명 선언서를 기록한다. 사명 선언서에는 다음과 같은 내용이 들어간다.
   - 누가 Who
   - 무엇으로 What
   - 어떻게 How
5. 마무리는 '하겠다, 주겠다'로 본다.

✏️ 작성법

1. 우리는 다양한 역할을 가지고 있다. 자신의 역할 분야에 대해 기록한다.
   ex. 아빠, 엄마, 자녀, 친구, 직원, 구성원, 일터에서……
2. 역할을 적은 뒤 그곳에서 자신이 자신만이 지키고 싶은 의지와 다짐을 기록한다.
3. 역할 기술서는 책 속 명언, 좋은 글 등을 활용해도 된다.
4. 기록은 3개~5개가 적당하다. 중복되는 것은 점차 줄여 나간다.
5. 각 역할의 장소에 잘 보이는 곳에 부착하여 둔다. 출력하여 여러 곳에 두면 효과적이다.

Step 1 _ 인생 사명 선언서

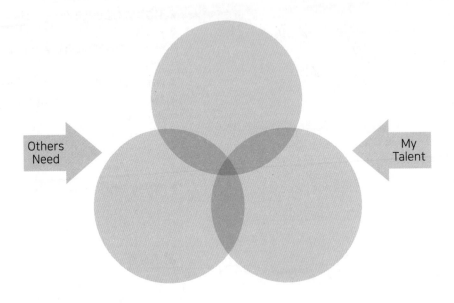

No	직업/사명	사명 선언서(What / Who / How to 들어가도록)
1		
2		
3		

Step 2 _ 역할 기술서

분야	역할 기술서(~한 삶을 살아가겠습니다.)

평생 라이딩Plan Riding _ 평생계획

● 평생계획이란?

평생계획의 가장 중요한 포인트는 2가지가 있다. 첫 직장을 갖는 20대이고 두 번째는 50세 이후 은퇴 후를 계획하는 것이다. 이 두 가지를 해결하면 평생계획의 뼈대를 만들 수 있다. 먼저 50세 이후를 계획한다. 그 이유는 먼 미래는 꿈을 더 크게 가질 수 있고, 의미에 본질적으로 집중할 수 있으며, 50세를 역산하여 20대를 계획하는 것이 더 구체적이기 때문이다.

가장 어렵고 중요한 것이 평생계획이다. 미래는 아직 가보지 않았기에 상상하여 미래를 예측하는 것에 어려움이 있다. "미래를 예측하는 가장 좋은 방법은 미래를 개척하는 것이다"라고 피터 드러커가 말하였다. 핵심은 자신의 50세를 기점으로 어떤 일들을 할 것인지를 질문하며 기록해 나가는 것이다. 50세인 이유는 그 나이부터가 인생의 의미를 찾기 시작하는 시기이기 때문이다.

● Think & Talk

나이	질문
60대 이후	• 죽었을 때 나를 찾아온 사람들이 어떠한 사람으로 기억해주길 원하는가? • 삶이 완벽하다면 어떠한 모습일까? • 돈과 시간이 충분하다면 무엇을 하고 싶은가?
40 / 50대	• 이 시기에 의미 있다고 생각하는 일들은 무엇일까? • 어떤 영향력을 펼치기 원하는가? • 사람들이 나를 찾는 이유는 무엇일까?
20 / 30대	• 무엇을 할 때 나는 가장 열정이 생기는가? • 어떤 것을 볼 때 나는 반응하는가? • 내가 지금 배워야 하는 것은 무엇인가?

라이프 서핑

3단계 - 취업 설계	2단계 - 경험 설계	1단계 - 후반전 설계
현재 내가 해야 하는 것들은?	갖추어야 할 경험 역량	하고 싶은 것
20~30대	40~50대	60대 이후
•	•	•
•	•	•
•	•	•
•	•	•
•	•	•
•	•	•

4단계

(연령)	30세	35세	40세	45세	50세	55세	60세
연도							
주요 시기							
컨셉트							
핵심 목표							
재무 목표							
학습 목표							

● 내가 갖추어야 하는 전문지식 or 역량은 무엇인가?

핵심 역량 (전문지식)	• • • • •
필요 역량 (자기계발)	• • • •
기타 (취미, 특기 등)	• • •

✏️ 작성법

각 나이대별로 자신의 미래를 그려보며 60대 이후의 삶부터 아래의 순서대로 기록해 나간다.

1. 60대 이후 – 하고 싶은 것 기록
2. 40~50대 – 갖추어야 할 경험 역량
3. 20~30대 – 현재 해야 하는 것들 기록
4. 주요시기 – 자신의 업무&커리어 방향
5. 컨셉트 – 자신이 계획하는 것의 키워드
6. 핵심목표 – 반드시 이시기 달성해야 하는 것
7. 재무목표 – 자신의 원하는 연봉
8. 학습목표 – 역량을 위한 공부

Tip

잘모르겠다 하는 부분은 넘어가라. 빈칸 채우듯이 채워나가면서 답을 찾아 나가야 한다. 처음부터 완벽히 채우기란 힘들다. 빈칸에 부담없이 넘어가라. 신기한 것은 자주 볼수록 빈칸에 대한 그림이 그려진다는 것이다.

✏️ 작성법

평생 공부할 것을 계획하라. 인생에서 공부는 삶의 원동력이다. 평생계획을 작성하다 보면 자신이 갖추어야 할 역량이 보인다. 이것을 기입한다.

핵심 역량
자신의 전문분야에 대한 것으로 전문지식, 업무역량, 직무기술 등이다.

필요 역량
자기계발 역량으로 시간

Step 1 _ 평생계획

❶ 후반전 설계부터 먼저 기록한 뒤 경험설계 취업 설계 순으로 작성해 니간다.
❷ 1~3단계의 내봉을 아래의 평생계획표에 기록한다.

3단계 – 취업 설계	2단계 – 경험 설계	1단계 – 후반전 설계
현재 내가 해야 하는 것들은?	갖추어야 할 경험 역량	하고 싶은 것
20~30대	40~50대	60대 이후
•	•	•
•	•	•
•	•	•
•	•	•
•	•	•
•	•	•

4단계

(연령)	30세	35세	40세	45세	50세	55세	60세
연도							
주요 시기							
컨셉트							
핵심 목표							
재무 목표							
학습 목표							

Step 2 _ 핵심역량

● 내가 갖추어야 하는 전문지식 or 역량은 무엇인가?

핵심 역량 (전문지식)	• • • • •
필요 역량 (자기계발)	• • • • •
기타 (취미, 특기 등)	• • • • •

참고도서

1 《성과를 지배하는 바인더의 힘》, 스타리치북스, 강규형
2 《하프타임》, 국제제자훈련원, 밥 버포드
3 《청소부 밥》, 위스넘하우스, 토드 홉킨스
4 《예술가여 무엇이 두려운가?》, 루비박스, 데이비드 베일즈
5 《삶의 의미를 찾아서》, 아이서브, 빅터 플랭크
6 《포트폴리오 인생》, 에이지, 찰스 핸디
7 《이카루스 이야기》, 한국경제 신문, 세스고딘
8 《메신져가 되라》, 리더스북, 브랜든 버처드
9 《위대한 영향력》, 비즈니스북스, 존 맥스웰
10 《다시 일어서는 힘》, 비즈니스북스, 존 맥스웰
11 《파도에 맞서야 바다의 깊이를 안다》, 케북스, 리처드 A 싱어 주니어
12 《나의 가슴을 뛰게 하는 강점》, 위즈덤하우스, 마커스 버킹엄
13 《위대한 나의 발견, 강점 혁명》, 청림출판, 마커스 버킹엄
14 《목적이 이끄는 삶》, 디모데, 릭워렌
15 《우리가 오르지 못할 산은 없다》, 생명의 말씀사, 강영우
16 《단순한 삶》, 판미동, 샤를 와그너
17 《침대부터 정리하라》, 열린책들, 윌리엄 H 맥레이븐
18 《그래도》, 더난출판, 켄트 케이스
19 《모험으로 사는 인생》, IVP, 폴 투르니에
20 《영적성장의 길》, 두란노, 고든 맥도날드
21 《당신이라는 1인 기업》, 나라, 버크 헤지스
22 《나는 왜 이 일을 하는가》, 타임비즈, 사이먼 사이넥
23 《나비 나로부터 비롯되는 변화》, 21세기북스, 윤태익
24 《새벽나라에 사는 거인》, 인사이트북스, 권민
25 《쿨하게 생존하라》, momentum, 김호
26 《갈매기의 꿈》, 선영사, 리처드 바크
27 《비영리 단체의 경영》, 한국경제신문, 피터 드러커
28 《자기경영노트》, 한국경제신문, 피터 드러커
29 《프레임》, 21세기 북스, 최인철
30 《내 영혼을 담은 인생의 사계절》, W-Book, 짐론

31 《나무를 심는 사람》, 두레, 장 지오노
32 《나는 정직한 자의 형통을 믿는다》, 규장, 박성수 외
33 《모든 파도가 기회다》, 베가북스, 마크 샌번
34 《아티스트 웨이》, 경당, 줄리아 카메론
35 《은퇴 후 8만 시간》, 조선북스, 김병숙
36 《창조적 습관》, 문예출판사, 트와일라 타프
37 《구본형 필살기》, 다산라이프, 구본형
38 《나는 무엇을 잘할 수 있을까》, 고즈윈, 구본형
39 《성공하는 사람들의 7가지 습관》, 김영사, 스티븐 코비
40 《르네상스 창조경영》, 21세기북스, 최영미·김상근
41 《데스티니》, 규장, 고성준
42 《자기사랑 노트》, 샨티, 오제은
43 《상처받은 내면아이 치유》, 학지사, 존 브래드쇼
44 《파도가 칠 때 서핑을》, 화산문화, 이본 취나드
45 《내가 얼마나 만만해 보였으면》, Wmedia, 전대진
46 《카네기 인간관계론》, 카네기 트레이닝 카네기 연구소, 데일 카네기
47 《파라슈트》, 한국경제 신문, 리처드 볼스
48 《제대로 살아야 하는 이유》, 생각연구소, 멕제이
49 《상처 입은 치유자》, 두란노, 헨리 나우웬
50 《실패에서 성공으로》, 씨앗을뿌리는사람, 플랭크 베트거
51 《세인고 사람들》, 김영사, 원동연
52 《자기혁명》, 리더스북, 박경철
53 《피터 드러커 나의 이력서》, 청림출판, 피터 드러커
54 《100 감사로 행복해진 지미이야기》, 감사나눔신문, 유지미
55 《평생감사》, 생명의말씀사, 전광·서정희·한건수
56 《절대감사》, 규장, 황성주
57 《긍정의 힘》, 두란노, 조엘 오스틴
58 《감사의 힘》, 위즈덤하우스, 데보라 노빌
53 《기회가 온 바로 그 순간》, 21세기북스, 하이디 그랜트 할버슨
60 《하나님의 시선을 끄는 겸손》, 거룩한진주, 변승우